왜 중독에 빠지는 걸까?

왜 중독에 빠지는 걸까?

초판 1쇄 펴냄 2025년 12월 19일

지은이 오승현

펴낸이 고영은 박미숙

펴낸곳 뜨인돌출판(주) | 출판등록 1994.10.11.(제406-251002011000185호)

주소 10881 경기도 파주시 회동길 337-9

홈페이지 www.ddstone.com | 블로그 blog.naver.com/ddstone1994

페이스북 www.facebook.com/ddstone1994 | 인스타그램 @ddstone_books

대표전화 02-337-5252 | 팩스 031-947-5868

편집이사 인영아 | 외부편집 정유나

디자인 이기희 이민정 | 마케팅 정원식 | 경영지원 김은주

ⓒ 2025 오승현

ISBN 979-11-7599-000-5 43180

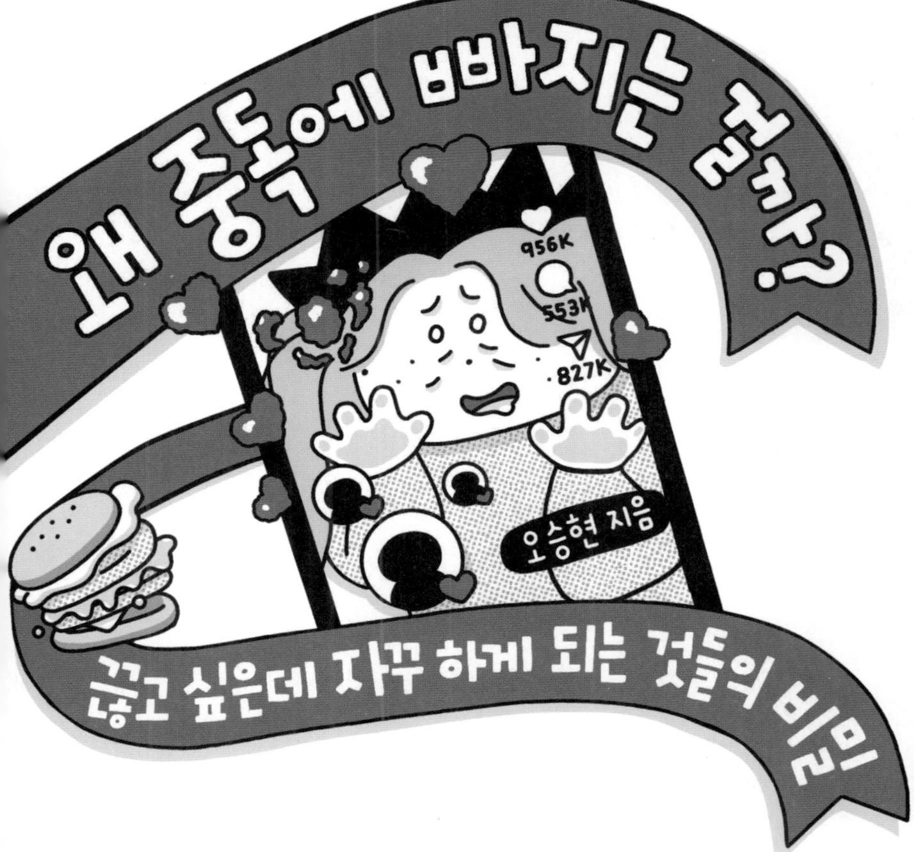

뜨인돌

차례

5 약물 중독
약물은 아무것도 해결해 주지 않아

6 음식 중독
단짠단짠 음식의 끝없는 유혹

7 중독에서 벗어나기
단호함이 필요해!

에필로그

중독의 시대

최근 들어 많은 사람들이 중독으로 어려움을 겪고 있습니다. 여러분에게는 해당되지 않는다고요? 아니에요. 누구나 무엇인가에 중독될 위험을 안고 살아갑니다. 중독자와 비중독자가 따로 있는 게 아니에요. 어떤 습관이든 스스로 조절을 못 하게 되면 그게 바로 중독입니다. 미국의 중독 치료 및 통합의학 전문가 폴 토머스 박사는 『나는 중독 스펙트럼의 어디쯤 있을까?』라는 저서에서 "대부분의 사람은 중독의 세계가 중독자와 비중독자 두 종류로 나뉜다고 생각하지만 중독은 스펙트럼이다. 실제로 우리 모두는 중독 스펙트럼의 어딘가에 자리하고 있다"라고 주장합니다.

과거에는 중독자를 지금보다 훨씬 부정적으로 바라보았습니다. 의지력이 약하거나 도덕적으로 문제가 있어서 중독에 빠진다고 생각했죠. 중독에서 벗어나지 못하는 책임 역시 중독자 개인의 탓으로 돌렸습니다. 그런데 정말 중독의 책임이 오롯이 개인에게만 있는 걸까요? 꼭 그렇다고 보기는 어렵습니다. 현대 과학은 중독을 다르게 이해합니다. 영국의 신경 정신 약리학자 데이비드 너트는 "중독은 의지의 문제가 아닙니다. 당신이 바뀌었기 때문에 (중독 행동을) 멈추지 못하는 겁니다"라고 말합니다. 여기서 '당신이 바뀌었다'는 말은 당신의 뇌가 달라졌다는 뜻입니다.

오늘날 많은 기업이 우리 뇌를 바꾸고 있습니다. 소셜 미디어SNS, 온라인 게임, 인터넷 포털 관련 산업도 뇌의 쾌락과 충동 조절 메커니즘을 망가뜨리고 있습니다. 많은 사람이 자신도 모르는 사이에 이런 서비스를 남용하고 이런 서비스에 과의존합니다. 이는 내성과 금단 증상(초조, 불안 등)을 일으키고, 집중력 저하, 읽기 능력 퇴화, 심지어 우울증 등의 부작용을 가져옵니다.

기업이 어떤 식으로 뇌를 망가뜨리고 우리를 중독시키고 있는지, 동영상과 소셜미디어 서비스를 제공하는 유튜브, 메타(옛 페이스북), 스냅챗 같은 기업을 통해 살펴볼까요.

우리는 이 기업들의 서비스를 이용할 때 돈을 내지 않습니다. 대신 우리의 시간과 관심, 주의를 지불합니다. 이 기업들은 우리가 지불한 시간과 관심, 주의를 되팝니다. 누구에게일까요? 바로 이 기업의 플랫폼_{앱, 사이트 등}에 광고를 싣는 광고주입니다. 이 기업들은 우리가 조금이라도 더 오래 플랫폼에 머물도록 만들려고 합니다. 그래야 광고 효과가 커질 테니까요. 그러기 위해 이들은 다양한 방법으로 우리가 이 서비스를 계속해서 이용할 수밖에 없게 만듭니다. 일종의 '중독 전략'입니다. 추천 알고리즘 기능이 그 방법 중 하나입니다.

또 하나의 중독 전략으로 '구독'이 있습니다. '구독 경제'라고 들어 봤나요? 일정한 구독료를 내고 정해진 기간 동안 상품이나 서비스를 이용할 수 있는 시스템이지요. 과거에는 매일 배달되는 신문이나 우유를 구독하곤 했어요. 그런데 요즈음은 넷플릭스 같은 OTT_{온라인 동영상 서비스}뿐만 아니라 음악, 뉴스, 게임 등 다양한 모바일 앱에서도 구독 서비스가 유행합니다. 정기적으로 신선한 과일이나 채소, 유제품 등을 배달받는 식료품 구독 서비스도 여기에 해당합니다. 이 외에도 화장품, 전자책, 오디오북 같은 다양한 구독 서비스가 있습니다.

이러한 구독 서비스는 자동차나 가전제품 등을 빌려 쓰

는 렌털 서비스와는 어떻게 다를까요? 바로 '자유롭게 해지할 수 있다'는 데에 있습니다. 구독은 언제든 부담 없이 해지할 수 있지만, 렌털은 해지하려면 상품 구입가를 다 내거나 위약금을 물어야 합니다. 따라서 사람들은 구독 서비스에 더 큰 매력을 느낍니다.

하지만 이렇게 편리한 구독 경제에도 어두운 이면이 있습니다. 많은 구독 서비스는 이용자가 쉽게 그만두지 못하고, 습관적으로 이용하도록 중독을 유도하는 방식으로 기획·설계됩니다.

얼마 전 유료 구독 서비스를 도입한 페이스북, 인스타그램 역시 마찬가지입니다. 자주 이용할수록 마약이나 도박을 할 때처럼 도파민 분비를 유도해 뇌의 보상 회로를 자극하는 전략을 펴는 것이지요. 실제로 페이스북 창업 멤버 겸 초대 사장이었던 숀 파커는 "당신이 최대한 많은 시간과 관심을 쏟도록 우리는 어떻게 하고 있을까? 우리는 인간의 심리적 약점을 이용한다. 약간의 도파민을 투여하는 것이다"라고 했습니다.

이처럼 누구나 중독되기 쉬운 사회에서 중독에 빠지지 않기 위해 우리는 어떻게 해야 할까요? 우리는 곧잘 즉각적인 보상에 끌리고, 보상이 적거나 없는 일은 금세 포기합니다. 그러다 보면 당장 만족을 주는 자극에 중독되기 쉬워지지요. 중독이 되면 중독 자체도 문제지만, 인생에서 시간과 노력을 들여야만 얻을 수 있는 정말 중요한 능력들을 갖추기 어려워져요. 그렇기 때문에 우리는 중독에 관해 잘 알아 두어야 합니다. 어떤 것들이 우리를 유혹하고, 중독에 빠지지 않으려면 어떻게 해야 하는지 알아야 중독되지 않을 수 있습니다.

이 책은 우리를 유혹하는 행위 중독과 물질 중독을 두루 다룹니다. 행위 중독으로는 스마트폰 중독과 게임 중독을, 물질 중독으로는 약물 중독과 음식 중독을 살펴볼 것입니다. 모두 청소년의 삶과 깊이 관련된 중독입니다. 각 장마다 실려 있는 중독에 관한 셀프 체크 및 OX 퀴즈, Q&A, '함께하면 좋은 활동' 등을 통해 왜 중독되는지, 중독에서 벗어나려면 어떻게 해야 하는지 등을 차례대로 알아볼 것입니다. 해결책은 청소년 여러분이 일상에서 실천할 수 있는 것들을 중심으로 제시했습니다.

'이런 소소한 해결책으로 중독에서 벗어날 수 있을까?'라는 생각이 들지도 모릅니다. 하지만 단번에 중독을 끊을 수 있는 획기적인 방법은 없습니다. 그만큼 중독에서 벗어나기란 매우 어렵습니다. 다만 중독에 이르는 길이 있다면 거꾸로 중독에서 빠져나오는 길도 분명히 있다는 것을 잊지 마세요. 처음부터 에베레스트산을 등반하기는 힘듭니다. 동네 뒷산부터 오르면서 체력과 기본기를 다져야 합니다. 마찬가지로 작은 실천이 쌓이다 보면 언젠가는 중독에서 벗어날 수 있습니다.

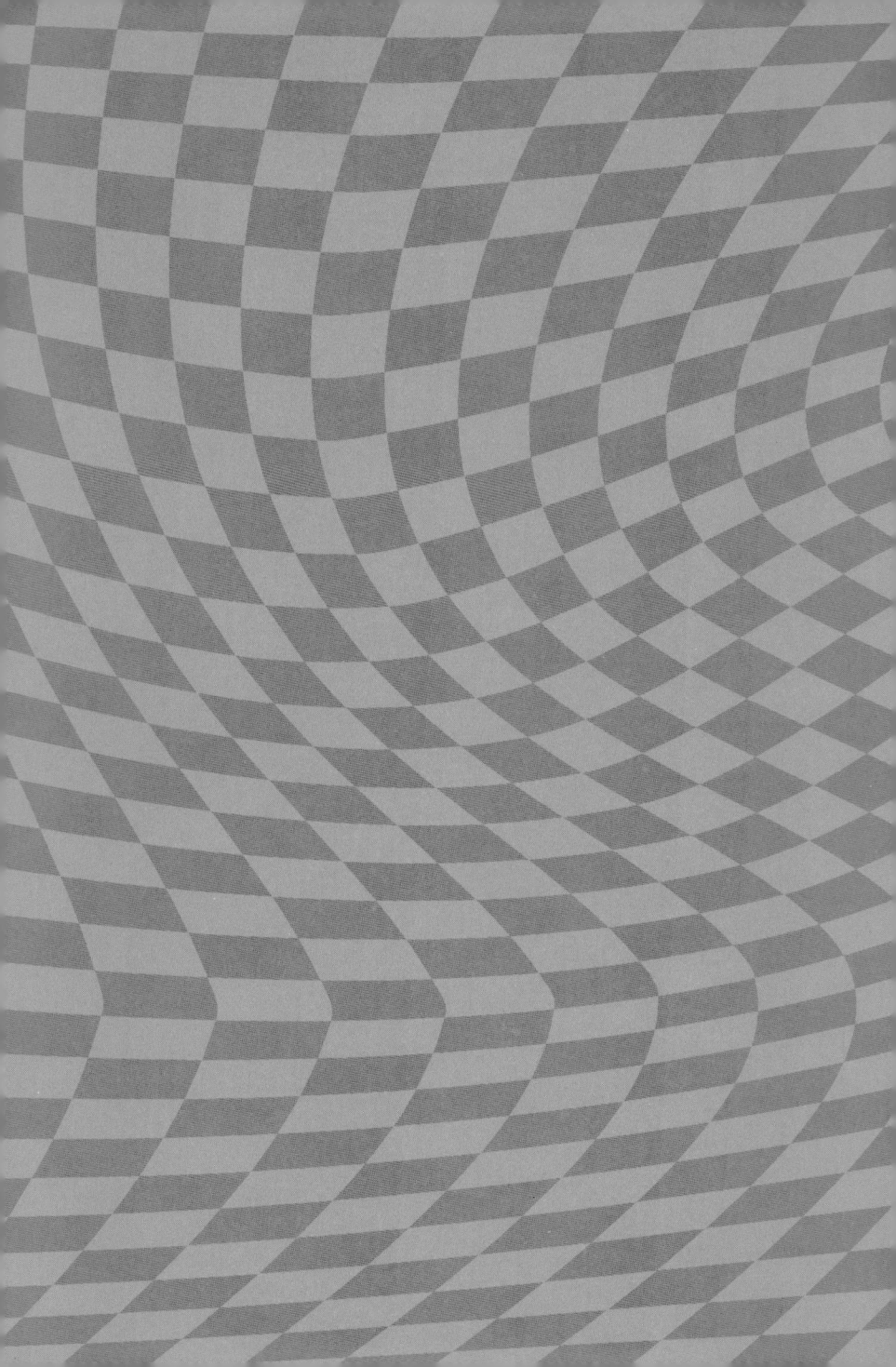

중독 이해하기
누구나 중독될 수 있다

1 스마트폰을 오래 들여다본 다고 모두 스마트폰 중독은 아니다.

O | X

2 SNS에 '좋아요'나 댓글이 많으면 많을수록 자존감도 높아진다.

O | X

3 영상(유튜브, OTT)을 보면 서 밥 먹으면 영상 중독이다.

O | X

4 스트레스 받을 때마다 달거 나 맵고 짠 음식을 먹으면 음 식 중독이다.

O | X

정답

❶ O, 사용 시간보다는 조절 능력과 사용 이유로 중독 여부를 판단해!

❷ X, 외부 반응에 너무 기대면 자존감이 오히려 쉽게 떨어질 수 있어.

❸ X, 하지만 반복되는 습관은 중독으로 바뀔 수 있어. 조심해야 해!

❹ X, 지금은 아니더라도 감정을 달래기 위해 자꾸 음식을 찾다 보면, 음식 중독으로 이어질 수 있어.

중독, 얼마나 알고 있나?

5 약물 중독은 술이나 마약에만 해당되는 말이다.

O | X

6 게임을 5시간 했지만, 공부도 했고 친구랑 축구도 했다. 그러니 중독은 아니다.

O | X

7 친구가 중독처럼 보여도 얘기하면 기분 나빠할 수 있으니 모른 척하는 게 낫다.

O | X

8 중독을 예방하려면 무엇을 하든 '왜 하고 있는지'를 스스로 생각하는 것이 좋다.

O | X

정답

5 **X,** 카페인이나 진통제, 수면제 같은 약물에도 중독될 수 있어.

6 **X,** 일상생활을 한다고 해도 조절이 안 되면 중독일 수 있어.

7 **X,** 진심 어린 관심은 도움이 될 수 있어. 단, 친구를 판단하지 말고, 공감하는 마음으로 다가가야 해.

8 **O,** 이유 없이 반복되는 행동은 중독으로 이어질 수 있어. 스스로 자주 점검하길!

중독이란?

뇌에는 보상 회로라는 시스템이 있습니다. 힘든 일을 참고 꾸준히 해서 무언가를 성취하면 만족감이 느껴지죠? 그게 바로 보상 회로가 작동한 결과입니다. 보상 회로에는 여러 신경 전달 물질이 관여하는데, 그중 도파민이 가장 중요한 역할을 합니다. 도파민의 작용 방식은 다음과 같아요. '어떤 행동을 한다 → 도파민이 분비된다 → 기분이 좋아진다 → 그 기분을 다시 느끼고 싶다 → 그 행동을 반복한다' 이러한 과정을 바로 '보상 회로'라고 합니다.

도파민은 생존에 필요한 도구로, 인간이 어떤 행동을 계속하도록 동기 부여를 합니다. 생존에 도움이 되는 행동음식 섭취, 성행위, 사회적 활동 등에 적절한 보상쾌감, 즐거움, 만족감, 편안함 등을 주어서 더 잘 생존할 수 있도록 이끌죠. 밥을 먹고 연애를 하고 사람을 만나는 게 모두 도파민 덕분입니다. 어떤 행동을 했을 때 즐거운 감정을 느끼게 해서 그 행동을 계속하도록 만드는 거죠.

도파민 분비로 강한 쾌감을 느낀 뇌는 보상 회로를 자극하는 대상을 더욱 원하게 됩니다. 그런데 만약 뇌에 전극전

기가 드나들게 만든 금속 침을 꽂아 보상 회로를 직접 자극할 수 있다면 어떨까요? 1950년, 캐나다의 심리학자 제임스 올즈와 피터 밀너가 실험실 쥐의 뇌에 전극을 꽂았습니다. 덕분에 쥐는 스위치를 눌러 보상 회로를 스스로 자극할 수 있었죠. 일종의 도파민 스위치입니다. 그러자 쥐들은 쉬지도 먹지도 않고 온종일 스위치만 눌러 댔습니다. 어떤 쥐는 한 시간에 7,000번까지 스위치를 눌렀습니다.

인간도 실험실 쥐와 다르지 않습니다. 보상 회로만 놓고 보면 인간의 뇌와 쥐의 뇌는 비슷하거든요. 만약 사람에게 보상 회로를 자극하는 전극을 꽂으면 그 사람도 하루 종일 스위치만 누르고 있을 겁니다. 이게 바로 중독입니다. 중독에 빠진 인간은 실험실 쥐처럼 행동합니다. 쉬지도 먹지도 않고 온종일 게임만 하는 사람들을 떠올려 보세요. 잠도 안 자고 며칠 동안 게임만 하다가 사망하기도 합니다. 이런 일들이 세계 여러 나라에서 비슷하게 일어납니다.

중독은 어떤 행동이 자신에게 해로운 걸 알면서도, 스스로 멈추지 못하고 자꾸 하게 되는 상태입니다. 국어사전에서는 중독을 '술이나 마약 등을 지속적으로 지나치게 복용한 결과, 그것 없이는 견디지 못하는 병적 상태'라고 풀이합

니다. 그렇다면 어떤 사람이 중독자인지 아닌지 어떻게 판단할까요? 세계보건기구WHO의 국제질병분류ICD에 중독을 판단하는 기준이 있습니다. ❶ 특정 물질이나 행위에 대한 강한 욕구가 있느냐, ❷ 같은 만족을 얻기 위해 강도를 점점 높여야 하는 내성이 있느냐, ❸ 중단했을 때 불안·초조·짜증 등의 금단 증상이 나타나느냐, ❹ 대인 관계, 학교나 직장 생활 등 일상생활에 나쁜 영향을 끼치느냐, ❺ 해로운 결과에도 불구하고 멈추지 못하고 계속하느냐입니다.

위에 설명한 다섯 가지 중독 기준은 그 성질에 따라 크게 두 가지로 묶을 수 있습니다. 하나는 강박적 의존에 대한 것이고(❶~❷), 또 하나는 금단 증상에 대한 것입니다(❸~❺). 중독에 빠지면 중독된 대상에 강박적으로 의존합니다. 순간의 만족을 위해 계속 술을 찾게 된다면 알코올 중독입니다. 중독자가 만족을 느끼기 위해선 갈수록 그 중독된 물질이나 행위의 강도를 높여야 합니다. 알코올 중독자는 마시는 술의 양이나 도수가 점점 높아지지요. 이를 '내성'이라고 부릅니다.

금단 증상은 중독 물질이나 중독 행위를 끊었을 때 정신과 신체에 나타나는 이상 증상입니다. 극도의 불안감, 허전함, 무기력, 손 떨림, 불면증 같은 심신 장애를 겪습니다. 알코올 중독자가 "이제 다시는 술 안 마셔"라고 다짐하지만 결국 다시 마시게 되는 이유는 금단 증상을 견디지 못해서입니다. 중독이 되면 학업이나 일에 지장이 생기고 불안·우울 등으로 삶을 제대로 살아갈 수 없다는 것을 알면서도 금단 증상 때문에 끊지 못합니다. 상태가 점점 더 나빠질 걸 뻔히 알면서도 계속할 수밖에 없는 것입니다.

물질 중독과 행위 중독

사람은 술이나 담배 같은 물질에만 중독되는 것이 아닙니다. SNS나 '좋아요'에 중독되기도 하지요. SNS에 중독된 사람은 기대한 만큼 남들의 관심을 받지 못하면 심한 우울감을 느낍니다. 일정 기간 SNS에 접속하지 못하면 불안·초조 등 금단 증상을 겪기도 해요. 이처럼 중독을 일으키는 매개체에는 담배나 마약 같은 물질도 있고, '게임하기'나 'SNS 이용하기' 같은 행위도 있습니다. 이를 '물질 중독'과 '행위 중독'이라 구분해 부르죠. 약물, 술, 담배, 음식, 카페인 등이 물질 중독을 일으키고 스마트폰, 게임, 도박, 쇼핑, 인터넷 등이 행위 중독을 일으킵니다.

청소년에게 중독 위험이 높은 매개체는 SNS, 동영상, 게임, 도박, 고카페인 음료, 약물, 술, 담배 등이 대표적입니다. 예전에는 기호 식품술, 담배 등 중독이나 게임 중독이 문제였다면, 최근에는 스마트폰SNS·영상 중독과 약물 중독이 심각한 문제입니다. 스마트폰 중독은 많은 사람이 겪는다는 점에서, 약물 중독은 건강과 목숨을 위협한다는 점에서 무척 심각합니다.

이쯤 되면 궁금해집니다. 사실 얼핏 보면 중독은 습관과 비슷해 보이거든요. 둘 다 특정 물질을 반복해서 사용한다거나 어떤 행위를 반복하는 것이니까요. 습관이 심해지면 중독이 되는 게 아닐까 싶기도 하죠. 그렇다면 중독은 습관과 어떻게 다를까요? 특정 물질을 이용하거나 어떤 행위를 할 때 즐거움욕구이 있는지 없는지, 언제든 중단이 가능한지 어떤지를 살펴보면 차이를 알 수 있습니다.

습관은 어떤 행위를 오래 되풀이하여 몸에 밴 행동 방식입니다. 아침에 일어나서 이를 닦거나, 차에 타면 안전벨트를 매는 행동이 습관이지요. 습관에는 즐거움이나 욕구가 필요하지 않습니다. 습관적인 행동을 한다고 즐거운 것도 아니고, 그 행동에 대해 강한 욕구가 있는 것도 아닙니다. 그리고 어떤 습관이 형성되었더라도 필요하면 언제든지 그 행동을 그만둘 수 있습니다.

반면에 중독은 즐거움과 욕구를 늘 동반합니다. 중독이 시작될 때 사람들은 즐거움을 느낍니다. 그리고 그 즐거움을 다시 경험하고 싶어 하지요. 다시 말해, 중독된 대상에 대한 강한 욕구를 갖게 됩니다. 그래서 이제 '그만해야지' 해도 뜻대로 안 되고 결국 또 하게 됩니다. 멈추고 싶어도 계속하게 되는 것, 그게 바로 중독입니다.

누구나 중독될 수 있다

2018년 넷플릭스에서 공개한 〈슈퍼맨 각성제 Take Your Pills〉라는 다큐멘터리가 있습니다. 미국 대학생 사이에서 일상이 된 ADHD 주의력 결핍 및 과잉 행동 장애 치료제 '애더럴 Adderall'의 문제를 다룬 작품입니다. 거기에 이런 말이 나옵니다. "성공적인 대학 생활을 위해서는 두 가지만 준비하면 됩니다. 인스타그램과 애더럴!" 예전엔 단순한 호기심이나 재미로 약물을 사용했다면, 요즘엔 집중력을 높여 성공하기 위해 애더럴 같은 약물을 찾는 경우가 많다는 겁니다.

이처럼 현대인은 성공과 인정에 대한 불안감 때문에 중독에 빠지기도 합니다. 시험을 앞두고 불안할 때마다 스마트폰만 들여다보며 현실을 피하다 보면 스마트폰에 중독되기 쉽고, 스트레스가 쌓일 때마다 자극적인 음식을 찾다 보면 음식 중독으로 이어질 수 있습니다.

청소년들은 중독에 더 쉽게 빠질 수 있어요. 청소년의 뇌는 아직 보상 회로를 조절하는 전전두엽전두엽의 앞부분이 다 자라지 않아서 중독을 일으키는 자극에 쉽게 영향을 받기 때문입니다. 미국 국립약물남용연구소NIDA는 "성장기 청소년의 뇌는 성인보다 중독의 영향에 더 민감하게 반응하며, 훨씬 더 치명적이고 중독의 위험도가 크다"고 경고합니다. 더구나 청소년기는 자기 정체성을 만들어 가는 시기로, 이때 형성된 가치관이나 취향은 성인이 되어서도 삶에 큰 영향을 미칩니다. 즉, 청소년기의 중독은 성인이 되어서까지 계속될 수 있어 더욱 위험합니다.

물론 중독에는 개인차가 있습니다. 모든 사람이 같은 자극에 똑같이 반응하는 건 아니니까요. 선천적 기질과 개인이 속한 환경에 따라 중독 가능성이 달라집니다. 예를 들어, 위험을 회피하는 기질을 타고난 사람은 사회 속에서 스트레스와 불안을 더 크게 느낍니다. 따라서 부정적 감정을 해소하려고 스마트폰을 과도하게 사용하는 경향이 있지요. 또한 충동적인 기질을 타고난 사람은 마약에 중독될 가능성이 상대적으로 높다고 합니다.

개인이 속한 환경과 처한 상황에 따라 무언가에 중독될 가능성이 달라지기도 합니다. 예를 들어, 맞벌이 가정의 자녀는 외벌이 가정의 자녀보다 스마트폰에 중독될 위험이 높은 것으로 나타납니다.

중독은 현대인만 겪는 문제는 아닙니다. 인간은 원래 쾌락을 추구하고자 하는 본성이 있으니까요. 아니, 인간뿐 아니라 모든 생물이 그러합니다. 재미없고 하기 싫으며 아무 이득도 없는 행동을 계속하는 생물은 없습니다. 자신의 행동으로 이익, 즉 보상이 따라야만 생물은 생존할 수 있기 때문입니다. 그렇다고 해서 인간이 무언가에 중독되어도 어쩔 수 없다는 뜻은 아닙니다. 생물학자 리처드 도킨스는 『이기적 유전자』에서, "인간은 유전자의 기계로 만들어졌다"며 유전자가 우리 행동에 큰 영향을 준다고 했습니다. 그런데 한편으로는 "우리 인간만이 유일하게 유전자의 폭정에 맞설 수 있다"고도 했죠. 즉, 인간만이 스스로 중독을 이겨 낼 수 있는 존재라는 뜻이지요.

중독, 이것이 궁금해요!

Q. 중독은 나쁜 습관이랑 어떻게 달라요?

A. 나쁜 습관은 내가 마음먹으면 고치려고 노력할 수 있어요. 하지만 중독은 내가 그만두고 싶어도 그만둘 수 없고 스스로 조절하기 어려운 상태를 말해요. 내 모든 생각과 감정, 행동이 점점 중독된 것에 휘둘리면서 다른 중요한 일들을 소홀히 하게 돼요.

Q. 게임이나 스마트폰을 많이 하면 다 중독인가요?

A. 게임이나 스마트폰을 많이 한다고 무조건 중독되었다고 볼 수는 없어요. 하지만 공부나 잠을 방해 받고 친구나 가족 관계에 문제가 생길 정도라면 중독을 의심해 보세요. 삶에서 중요한 걸 잃고 있다는 걸 알면서도 멈출 수 없다면 이미 중독된 상태일 수 있어요.

Q. 무언가에 중독된 사람은 의지가 약한 사람인가요?

A. 아니에요! 의지가 약해서 중독되는 게 아니에요. 누구든 스트레스를 많이 받거나 마음이 지쳤을 때, 자극적인 것에 쉽게 중독될 수 있어요. 그래서 평소에 감정이나 스트레스를 건강하게 푸는 습관을 들이는 게 중요해요. 혼자 참으려고만 하지 말고 주변에 도움을 요청해 보세요.

Q. 중독에 빠지면 무슨 일이 생기나요?

A. 중독에 빠지면 뇌가 점점 자극적인 것만 좋아하게 돼요. 쉽게 말하면, 독서나 운동처럼 느리지만 천천히 즐거움을 주는 것보다 즉시 재미를 주는 것만 찾게 되는 거예요. 그게 없으면 불안해지고, 집중도 잘 안 되고, 감정 조절도 힘들어져요. 중독이 진행될수록 점차 쉽게 피곤해지고 무기력해져서 일상까지 무너질 수 있어요.

Q. 음식이나 쇼핑에도 중독될 수 있나요?

A. 네, 음식이나 쇼핑에도 중독될 수 있어요. 스트레스를 받을 때마다 과자나 배달 음식, 쇼핑 같은 것으로 기분을 달래다 보면 나중엔 스스로 조절하기 어려워져요. 과식이나 폭식을 반복하거나 쇼핑을 한 뒤 자꾸 후회하고 죄책감이 든다면, 내가 중독된 것은 아닌지 꼭 한번 생각해 봐야 해요.

Q. 다른 사람이 나보고 '중독된 것 같다'고 하면 어떻게 해야 하나요?

A. 무조건 아니라고 부정하지 말고 잠깐 자신을 돌아보는 게 좋아요. 내가 정말 스스로 잘 조절하고 있는지, 일상생활이나 인간관계에 문제가 생기고 있는 건 아닌지 살펴보세요. 필요하다면 상담 선생님이나 전문가에게 도움을 받는 것도 괜찮아요.

Q. 나도 모르게 중독될 수도 있나요?

A. 네. 처음에는 단순한 습관이나 재미로 시작했더라도, 점점 더 자주, 더 오래해야 만족한다면 중독의 신호일 수 있어요. 예를 들어 '없으면 불안하다' '다른 일이 손에 안 잡힌다'는 느낌이 강하게 들면 스스로 점검해 봐야 해요.

Q. 중독은 유전되나요?

A. 중독 성향이 가족력과 관련이 있을 수 있지만, 반드시 유전된다고 볼 수 없어요. 환경, 생활 습관, 스트레스 대처 방식이 더 큰 영향을 미치지요. 다만 가족 중에 중독자가 있다면, 평소 생활에서 더욱 조심할 필요가 있어요.

Q. 건강한 몰입과 중독은 어떻게 다른가요?

A. 내가 원해서 시작했고 필요할 때 언제든지 멈출 수 있는 건강한 몰입은 삶을 즐겁고 풍요롭게 만들어요. 하지만 중독은 멈추고 싶어도 멈출 수 없으며, 결국 학업·건강·관계 등 삶의 다른 부분까지 해치기 때문에 위험하답니다.

Q. 중독을 끊을 자신이 없을 때는 어떻게 해야 하나요?

A. '지금 당장' 완전히 끊을 자신이 없어도 괜찮아요. 중요한 것은 방향을 바꾸는 거예요. 작은 목표부터 시작해 보세요. 운동, 취미, 대화 등 건강한 습관을 하나씩 늘리면 중독 행동은 점점 줄어들 거예요.

Q. **노력하면 중독에서 혼자 빠져나올 수 있나요?**

A. 가벼운 중독이라면 스스로 조절하려는 노력만으로도 좋아질 수 있어요. 하지만 시간이 지나도 계속 반복하거나 스스로 통제하기 어렵다고 느낀다면 전문가의 도움을 받는 게 더 빠르고 안전해요. 주변에 중독된 사람이 있다면 무조건 이겨 내라고 하기보다 전문가의 도움을 받을 수 있게 이끌어 주세요.

Q. **중독에서 한번 벗어났다가도 왜 다시 빠지게 되나요?**

A. 우리 뇌는 예전에 느꼈던 강한 자극을 기억해요. 그래서 비슷한 상황이나 감정을 겪으면 다시 그 중독 물질이나 행동이 주는 즐거움이 떠올라 그것에 이끌리기 쉬워요. 그렇기 때문에 단순히 참는 것만으론 부족하고, 주변 환경을 바꾸거나 감정을 건강하게 푸는 방법을 배워야 해요. 중독에서 벗어나는 것도 어렵지만, 벗어난 상태를 유지하는 일이 더 어렵다는 걸 기억하세요.

중독의 모든 것, 이제부터 하나하나 알아보아요.

스마트폰 중독 ①

SNS 중독 :
'좋아요'는 좋지 않아

나는 어떤 유형의 스마트폰 사용자일까?

①, ②, ③, ④ 중 평소 나와 가장 비슷한 모습 하나를 고르세요.

1. 스트레스를 많이 받을 때 나는 주로 어떻게 푸는가?

① 스마트폰 게임이나 SNS를 켜서 기분 전환을 한다

② 혼자만의 시간을 갖는다

③ 친구나 가족에게 털어놓는다

④ 스마트폰을 들여다보며 시간 가는 줄 모른다

2. 나에게 스마트폰은 어떤 존재인가?

① 심심할 때나 지루할 때 주로 사용한다

② 없으면 불안해서 자꾸 손이 간다

③ 연락하거나 공부할 때 주로 사용한다

④ 손에 없으면 허전하고, 나도 모르는 새에 켜서 들여다보고 있다

3. 주말에 어떤 것에 가장 시간을 많이 쓰는가?

① 유튜브 · OTT 온라인 동영상 서비스 · 게임 등 즐기기

② 아무것도 안 하고 침대에 누워 있기

③ 친구를 만나거나 야외 활동 하기

④ 별생각 없이 SNS를 하거나 채팅하기

4. "너, 스마트폰에 중독된 것 같다"라는 말에 나의 반응은?

① "에이, 그 정도는 아니지!" 하고 웃으며 넘긴다

② "어, 좀 그런가?" 하며 당황한다

③ "괜찮아. 나 조절 잘해"라며 신경 쓰지 않는다

④ "다 이 정도는 하잖아. 나만 그런 거 아냐!"라고 받아친다

5. 내가 하루에 보통 스마트폰을 얼마나 사용하는지 알고 있는가?

① 사용 시간을 알고 있지만 줄이기 어렵다

② 사용 시간을 잘 모른다

③ 사용 시간을 알고 스스로 조절한다

④ 사용 시간을 확인하면 내가 이렇게까지 썼나 싶다

❤ 결과 분석

①번이 많다면 '자극 추구형'

특징 재미와 자극에 이끌려 스마트폰이나 게임에 자주 빠져든다.

위험 자극에 민감한 편이라 중독될 가능성이 높고, 현실보다 온라인에 더 빠져들 수 있다.

조언 스마트폰 같은 강한 자극 대신에 운동이나 취미 활동, 친구들과 수다를 떨며 소소한 즐거움을 느껴보자.

②번이 많다면 '회피형'

특징 외로움이나 무기력함을 느끼기 싫어서 스마트폰을 사용한다.

위험 부정적 감정을 피하기 위해 스마트폰을 자주 쓰다 보면, 중독으로 서서히 이어지기 쉽다.

조언 산책을 하거나 글을 쓰거나 친구와 이야기하는 등 감정을 나눌 수 있는 활동이나 사람을 찾아보는 것이 좋다.

③번이 많다면 '자기 조절형'

특징 스마트폰을 어떻게 쓰는지 잘 알고 조절하려는 의지가 있다.

위험 지금은 중독과 거리가 멀지만, "나는 괜찮아" 하고 너무 방심하면 조절력을 잃을 수 있다.

조언 지금처럼 균형을 유지하면서, 때때로 사용 습관을 점검해 보면 좋다.

④번이 많다면 '습관형'

특징 별생각 없이 스마트폰을 자주 보는 게 일상이 되어 버렸다.

위험 특별한 이유 없이 계속 사용하다 보면, 거의 중독에 가까운 상태가 되어도 스스로 잘 알아차리지 못할 수 있다.

조언 스마트폰을 켜기 전에 "지금 내가 왜 켜는 걸까?" 하고 한번쯤 스스로에게 물어보는 습관을 들여 보자.

한 무리의 학생들이 극장 옆 패스트푸드 가게로 들어옵니다. 왁자지껄하게 웃고 떠드는 소리가 가게를 가득 채워요. 학생들은 각자 주문한 음식을 받아 들고 테이블에 앉습니다. 그런데 잠시 후, 떠들썩하던 분위기가 찬물을 끼얹은 듯 갑자기 조용해집니다.

무슨 일일까요? 고개를 돌려 살펴보니 각자 스마트폰을 보면서 음식을 먹고 있습니다. 간간이 서로 스마트폰을 보여 주며 웃기도 하지만, 가게에 처음 들어왔을 때의 시끌벅적함은 찾아볼 수 없습니다.

익숙한 풍경입니다. 청소년들에게만 국한된 현상도 아닙니다. 집이나 식당에서 가족끼리 식사할 때도 자주 볼 수 있는 모습입니다. 몸은 여기에 있지만, 정신은 스마트폰 속에가 있습니다. 동시에 두 공간에 존재하는 것이지요. 밥을 먹는 현실 공간과 영상·이미지가 넘치는 온라인상의 공간에서요.

스마트폰 없인 못 살아

'퍼빙'이란 단어를 들어 본 적이 있나요? 폰phone과 스너 빙 snubbing, 무시하다의 합성어로, 스마트폰을 보느라 주변 사람을 무시하거나 소홀히 하는 태도를 뜻하는 신조어입니다. 가족이나 친구와 대화하는 중에 스마트폰을 힐끔힐끔 보는 모습을 떠올리면 쉽게 이해할 수 있습니다. 중요하지도 않은 메시지나 SNS 알림에 신경 쓰느라 정작 바로 앞에 있는 사람을 무시하는 거예요. 그것이 바람직하지 않다는 사실을 알면서도 우리는 손에서 스마트폰을 내려놓지 못합니다.

이제는 너무 익숙해져서 의식조차 못 하게 된 이런 행동은 언제부터 시작됐을까요? 스마트폰이 등장한 2007년 이후부터입니다. 이전의 휴대 전화는 전화나 문자 메시지 외에 딱히 쓸 만한 기능이 없었습니다. 반면에 인터넷에 접속할 수 있는 스마트폰은 사람들의 일상을 완전히 바꿔 놓았죠. 언제 어디서든 알고 싶은 정보를 바로 찾아볼 수 있고, 세상 어디에 있더라도 바로 옆에 있는 것처럼 사람들과 실시간으로 소통할 수 있으며, 간편하게 쇼핑을 할 수도 있으니까요. 그래서 사람들이 스마트폰을 손에서 놓지 못하고,

틈만 나면 수시로 확인하게 되었습니다.

많은 사람이 별다르게 연락 올 것이 없어도 몇 분에 한 번씩 스마트폰을 들여다봅니다. 한 연구에 따르면, 성인은 평균적으로 하루에 30번 정도 스마트폰을 확인한다고 합니다. 특히 20~30대는 전체 평균을 훌쩍 넘어 150번 정도를 확인한다고 해요. 또, 젊은 세대의 절반은 깨어 있는 동안 스마트폰을 확인하지 않고는 5시간 이상을 버티지 못한다고 하지요. 여러분은 어떤가요? 깨어 있는 동안 몇 시간까지 스마트폰을 확인하지 않고 버틸 수 있나요?

"우리 애가 게임 중독인 것 같아요."

예전에는 많은 부모들이 이렇게 호소했습니다. 하지만 지금은 아이는 물론이고 부모조차 중독의 위험에서 자유롭지 못합니다. 스마트폰을 손에서 놓지 못하는 어른들도 점점 늘어나고 있으니까요. 과학기술정보통신부의 〈2022년 스마트폰 과의존 실태 조사〉를 보면 만 3~69세 스마트폰 이용자 중 과의존 위험군은 23.6%였습니다. 약 4명 중 1명이 스마트폰에 중독될 위험성이 높다는 뜻입니다.

오늘날 대부분의 사람들이 스마트폰을 가지고 있습니다. 이제 스마트폰은 단순한 통신 수단이 아니라 '일상을 담는 저장소'가 되었습니다. 내 모든 기록과 관계가 그 안에 들어 있기 때문입니다. '스마트폰을 부수는 것은 나를 부수는 것' 이라 생각하는 사람도 많습니다. 우리는 어느새 스마트폰 과 거의 하나가 되어 살아가고 있는 것입니다.

SNS는 소통의 창

아침에 일어나서 가장 먼저 하는 일이 뭔가요? 침대 옆에 놓인 스마트폰을 켜는 일 아닌가요? 시간을 확인하거나 메 시지와 새로운 소식을 살펴봅니다. 어제 SNS에 올린 사진 에 '좋아요'가 몇 개나 달렸는지 확인하고 다른 친구들이 어 떤 게시물을 올렸는지도 둘러보지요.

청소년기에는 이전보다 외부 활동의 범위가 점점 넓어집 니다. 가족과 함께하는 시간이 줄어들고 친구들과 보내는 시간이 늘어나면서 또래 집단의 영향을 많이 받게 되지요. 청소년은 또래 관계를 통해 자신이 어떤 사람인지 알아 가 고, 심리적 안정을 찾으며 사회성을 키우게 됩니다. 특히 부 모와의 수직적인 관계와 달리, 친구들과는 서로 주고받는 수평적인 관계를 맺기 때문에 감정적으로 친구들에게 더 의지하게 돼요.

청소년이 친구들과 관계를 유지하는 데 가장 유용한 온라인 플랫폼이 바로 SNS_{Social Network Service}입니다. 청소년은 학교나 학원에서 사귄 친구와 온라인상에서 많은 시간을 보내곤 합니다. 실제로 10대 청소년이 생각하는 SNS의 최대 장점은 '타인과의 소통과 교류'입니다. 한국청소년정책연구원이 펴낸 〈10대 청소년 미디어 이용 실태〉 보고서에서도, 청소년이 생각하는 SNS의 장점 1위는 '타인과 손쉽게 의사소통할 수 있다'(71.8%)였습니다. 청소년들은 SNS를 통해 연예 소식이나 사회 이슈를 접하고, 많은 또래 친구들과 공감대를 나누며 교류합니다.

이처럼 장점이 많은 스마트폰이라도 너무 많이 쓰면 중독 문제가 생길 수 있어요. 특히 청소년은 다른 연령층보다 스마트폰 중독에 더 취약합니다. 또래 관계를 무엇보다 중요하게 여기는 탓에, SNS에 접속해 주변의 반응과 댓글을 확인하느라 수시로 스마트폰을 들여다보기 때문이지요. 때로는 외로움이나 무력감, 허무함 같은 감정을 느낄수록 스마트폰에 더 깊이 의존하게 됩니다. 불을 끄고 누워서도 페이스북, 인스타그램 같은 SNS를 둘러보며 밤을 지새우지요. 누가 '좋아요'를 눌렀는지 확인하고, 다른 게시물에 '좋아요'를 눌러 줍니다. 잠에서 깬 순간부터 다시 잠들 때까지 끊임없이 화면을 터치하고, 사진과 메시지를 올리고, '좋아요'를 누르는 일이 반복됩니다. 그사이 광고에 이끌려 필요하지도 않은 물건을 충동적으로 구매하기도 합니다. 그 물건을 사면 더 멋져 보일 거라는 착각에 빠져서 말이지요. 그러다 지겨워지면 유튜브나 쇼츠 같은 영상을 멍하니 보며 시간을 보냅니다.

'좋아요' 중독

세계에서 가장 많이 사용되는 소셜 미디어는 페이스북입니다. 월간 사용자 수가 30억 명에 달합니다. 전 세계 인구가 80억 명 정도임을 생각하면, 3명 중 1명이 페이스북을 사용하는 거죠. 한국인이 많이 쓰는 소셜 미디어는 인스타그램이지만 페이스북을 운영하는 기업인 메타가 2012년에 인스타그램을 인수했어요. 그러니까 한국에서도 메타가 가장 큰 영향력을 미치고 있다고 볼 수 있습니다. 인스타그램, 페이스북, 페이스북 메신저 등 메타가 운영하는 앱 사용자 수가 한국에서만 매월 2,300만 명을 넘습니다.

메타가 이처럼 큰 성공을 거두는 데 중요한 역할을 한 것이 바로 페이스북의 엄지손가락 모양 '좋아요Like' 버튼입니다. 인스타그램에서는 엄지손가락 대신에 하트가 사용됩니다. '좋아요' 버튼이 생기기 전에는 사용자가 직접 코멘트를 달았습니다. 하지만 의견이나 감상을 적는 코멘트를 남기려면 적지 않은 노력과 시간을 들여야 합니다. 그래서인지 참여율이 낮았습니다. 사용자 중 극히 일부만 코멘트를 남겼지요. 반면 '좋아요' 버튼은 클릭 한 번으로 의사 표시를 할 수 있습니다. 게시물에 빠르게 반응할 수 있는 겁니다. 2009년에 첫선을 보인 이 간단한 버튼 하나가 전 세계를 사로잡을 수 있었던 이유입니다.

'좋아요'는 사람들을 칭찬에 중독시키는 버튼입니다. 이 버튼 덕분에 수많은 사람이 빛의 속도로 빠르게 칭찬할 수 있죠. 사람들은 소셜 미디어에 글이나 사진을 올리고는 다른 사람들의 관심과 칭찬을 받고 싶어 합니다. 그래서 더 많은 '좋아요'를 받을 만한 사진과 영상을 올리기 위해 노력합

니다. 그러고는 '좋아요' 숫자를 확인하기 위해 페이스북에 시도 때도 없이 접속합니다. 이 버튼이 페이스북에 대한 강한 중독을 불러일으킵니다.

2017년, 페이스북 창업 멤버 겸 초대 사장이었던 숀 파커는 은밀한 사실을 털어놓았습니다. "페이스북의 목표는 사람들이 더 많은 시간과 생각을 플랫폼에 쏟아붓게 하는 것이다. 그래서 우리는 '좋아요' 버튼을 만들었다. 사용자들은 자신의 게시물에 찍힌 '좋아요' 숫자가 늘어날 때마다 도파민이 분출되어 쾌락을 느낄 것이고, 여기에 힘입어 더 많은 콘텐츠를 올릴 것이다."

이후 많은 기업이 페이스북의 '좋아요' 버튼을 모방했습니다. 인스타그램, 유튜브, 틱톡, X옛 트위터 등에도 '좋아요'와 비슷한 버튼이 있지요. 버튼의 이름과 모양은 제각각 다르지만, '빠른 칭찬'이라는 기능은 모두 같습니다. 유튜브는 '좋아요'와 '싫어요' 버튼을 둘 다 유지하다가 2021년 11월부터 '싫어요' 숫자를 비공개로 바꿨습니다. 유튜브마저 페이스북을 따라 한 겁니다. '좋아요' 버튼을 도입하는 이유는 중독성 때문입니다. 사용자가 플랫폼이나 앱에 중독될수록 접속 시간이 길어져 기업이 벌어들이는 광고 수입이 늘어나니까요.

어떤 학자들은 '좋아요' 버튼을 '디지털 마약'이라고 부릅니다. '좋아요' 버튼도 보상 회로를 자극하고 지속적인 욕구를 불러일으키기 때문에 마약과 다르지 않으니까요. 한 예로, 페이스북의 '좋아요' 숫자가 올라갈 때 MRI 뇌 속 변화를 정밀하게 촬영하는 의료 장비로 뇌를 관찰한 연구가 있었습니다. 이연구에서 '좋아요' 개수가 올라갈수록 뇌의 보상 회로가 강하게 자극되는 걸 관찰할 수 있었습니다. 앞서 말했듯, 보상회로가 자극되면 사람들은 행복감을 느끼고, 행복감을 주는 대상에 강하게 매달리게 됩니다.

하지만 '좋아요'는 우리의 기대와 달리, 실제로 '좋다'는 감각과는 거리가 멉니다. 페이스북의 '좋아요'를 만든 저스틴 로젠스타인은 '좋아요'를 '가짜 즐거움의 맑은 종소리'라고 말합니다. 인정받고 공감받는다는 느낌은 그때뿐입니다. SNS에서 나오는 순간 사회적 연결감은 연기처럼 사라집니다. 빨리 찾아온 만큼 빨리 사라지죠. 미국의 문화 비평가 지아 톨렌티노는 저서 『트릭 미러』에서 SNS를 "성과에 따른 인센티브로 정의된 세계"라고 말합니다. 실제보다 멋져 보이게 꾸미고 자랑하는 게시물을 올려 '좋아요'나 '하트'를 구걸하지 않으면 아무런 주목도 받지 못하는 세계란 뜻입니다.

비교는 불행을 부른다

SNS에는 우리 주변에서 좀처럼 만나기 어려운 '대단한 사람들'이 넘쳐 납니다. 연예인 못지않은 외모를 뽐내는 사람도 있고, 보통 사람은 상상하기도 힘든 부를 자랑하는 사람도 있지요. 그들의 삶을 구경하는 재미가 쏠쏠합니다. 하지만 재미를 얻는 대신에 치러야 할 대가도 있습니다. 예쁘거나 돈 많은 사람들을 보다 보면 나와 비교하게 되고, 나 자신이 초라하게 느껴지면서 삶에 대한 만족감도 점점 줄어들어요.

심한 경우 우울증에 시달리기도 합니다. SNS로 인한 우울증을 일컫는 '카페인 우울증'이라는 신조어도 생겨났습니다. 이 단어는 카카오스토리, 페이스북, 인스타그램의 앞 글자를 딴 신조어입니다. 『인스타그램에는 절망이 없다』라는 제목의 책도 있지요. 그 제목처럼 사람들은 즐겁고 행복하고 좋은 순간만 SNS에 올립니다. 그런 사람들의 SNS를 자주 보다 보면 마치 나를 제외한 모든 사람이 즐겁고 행복한 것처럼 느껴집니다. 이러한 비교 때문에 자존감이 점점 낮아지고 우울해집니다.

나와 남을 비교하는 걸 '사회 비교'라고 합니다. 사회 비교는 본능적인 행동입니다. 사람들은 끊임없이 자신과 타인을 비교하고, 타인을 기준으로 자신을 평가합니다. 이는 사회 속에서 잘 어울려 살아가기 위한 생존 본능이기도 합니다. 그런데 SNS 밖 현실 세계에서는 남과 비교를 하더라도 그다지 위축되지 않습니다. 주변 사람들이 나와 크게 다르지 않고, 내가 더 나은 점도 한두 가지는 있기 때문입니다.

사실, 우리 주변에서 엄청나게 예쁘거나 부유한 사람들을 만나기는 쉽지 않습니다. 그런데 이런 사람들이 SNS에 올린 사진과 영상이 상위에 노출되다 보니, SNS를 자주 이용하는 사람들은 세상에 그런 사람들이 많은 것처럼 느낍니다.

비교에는 '상향 비교'와 '하향 비교'가 있습니다. 상향 비교는 나보다 잘난 사람들을 보며 위축되고 자신감을 잃는 비교를 말하고, 하향 비교는 나보다 부족한 사람들을 보며 안심하고 위안을 얻는 비교를 가리킵니다. 예를 들어 부모님이 "누구네 아들 딸은 이렇다던데, 넌 왜 그러니?"라고 한 말에 상처받았다면 상향 비교에 해당합니다. TV에서 형편이 어려운 사람들을 보며 "그래도 내가 저들보단 나은 편이네"라며 스스로를 위로했다면 하향 비교에 해당되지요. SNS로 인한 우울증은 자신보다 더 잘나 보이는 타인을 기준으로 삼는 상향 비교에서 비롯합니다.

상향 비교는 불행을 부릅니다. 사람들을 줄 세우듯 평가하고 비교하는 습관이 있는 한, 아무리 잘난 사람도 열등감에서 벗어나기 어렵습니다. 어떤 면에서는 아주 잘난 사람이라도, 다른 면에서 자신보다 더 뛰어난 사람을 만날 수밖에 없거든요. 일, 돈, 외모, 건강, 연애, 인간관계처럼 삶에는 비교할 수 있는 영역이 너무 많으니까요. 비교하기 시작하는 순간 우리는 반드시 이런저런 면에서 남보다 부족하거나 열등하다고 느낄 수밖에 없습니다. 그래서 그 누구도 남과 비교하면서 행복하기란 어렵습니다.

비교와 관련해서 재미있는 실험이 있습니다. 미국 코넬대학교 연구팀은 1992년 하계 올림픽 중계 자료를 분석했는데요, 메달리스트들이 최종 순위가 발표되는 순간 어떤 표정을 짓는지 분석해 행복도를 비교하는 연구였습니다. 연구 팀은 금, 은, 동의 순서로 기분이 좋으리라 예측했는데, 결과는 달랐습니다. 분석 결과, 행복 점수가 가장 낮을 것으로 기대했던 동메달리스트의 행복 점수가 7.1로 나왔습니다. 반면에 은메달리스트의 행복 점수는 고작 4.8에 불과했습니다.

메달 색깔만 놓고 보면 분명 은메달리스트가 동메달리스트보다 더 행복해야겠죠. 그러나 주관적인 행복감은 전혀 달랐습니다. 왜 이런 결과가 나온 걸까요? 동메달리스트는 메달을 받지 못한 선수와 비교하지만, 은메달리스트는 금메달리스트와 비교하기 때문입니다. 비교의 대상이 달라지면서 행복감의 크기도 달라져 버린 겁니다. 동메달리스트는 '적어도 이만큼은 이뤘으니까'라는 만족감이 컸지만, 은메달리스트는 '거의 금메달을 딸 뻔했는데……'라는 아쉬움이 더 컸던 것이죠.

우리는 SNS에 보이는 타인의 삶이 전부라고 생각하기 쉽습니다. 그러나 누구나 행복한 순간만 사는 것은 아닙니다. 원하는 일을 이루지 못해 침울해하거나 지독한 외로움을 느끼는 순간도 있습니다. 그런데 SNS에는 그런 부정적인 감정과 일상은 잘 드러나지 않습니다. 보이는 모습이 전부가 아니라는 점을 분명히 알고, 자신과 타인을 더는 비교하지 말아야 합니다. 자기 자신을 있는 그대로 받아들일 때 자존감이 높아지고 행복해집니다.

디지털 디톡스: SNS 중독과 헤어지는 법

SNS를 보며 남들과 비교하는 습관에서 벗어나려면 어떻게 해야 할까요? SNS 사용을 줄이거나 그만두는 방법이 있습니다. 사실, 사용을 조금씩 줄이는 것보다 아예 그만두는 게 가장 효과적입니다. 하지만 그동안 SNS를 자주 사용했다면 갑자기 중단하는 일이 무척 어려울 거예요. 그래도 일주일이든 한 달이든 SNS 없이 지내 보세요. 마음이 한결 편해지고 스트레스를 덜 받게 될 거예요. 게다가 주변 사람들과 더 깊이 관계 맺고 함께 시간을 보낼 수 있을걸요.

실제로 어떤 의사들은 우울증 치료를 위해 SNS 사용을 잠시 멈추라고 권하기도 합니다. 덴마크에서는 약 1,000명이 일주일 동안 SNS를 끊고 지내 보는 실험을 했어요. 실험 결과, 행복감이 증가하고 외로움은 감소했습니다. 삶에 대한 만족감이 높아졌고 스트레스도 줄었어요. 가족이나 친구들과 보내는 시간도 늘어났지요. 특히 SNS를 사용할 때 질투나 시기심을 자주 느꼈던 사람들일수록 이런 변화가 더 뚜렷하게 나타났어요.

그러나 디지털 시대에 스마트폰이나 SNS를 사용하지 않는다는 건 현실적으로 매우 어렵습니다. 디지털 세대인 청소년들에게는 더더욱 그럴 테고요. 하지만 조금이라도 SNS 사용을 줄이고 싶다면 스마트폰을 사용하는 시간과 사용하지 않는 시간을 분리해 보세요. 평소처럼 스마트폰을 쓰되 스마트폰에서 벗어나는 시간을 정기적으로 갖는 것입니다. 사람들은 스마트폰 자체에 중독되기보다 특정 앱에 중독됩니다. 스마트폰과 잠시 떨어져 있는 시간을 통해 특정 앱에서 벗어나는 연습을 할 수 있어요.

방법은 다양합니다. 수업이 끝나고 스마트폰을 돌려받았을 때 바로 SNS에 접속하지 않습니다. 처음에는 뭔가 불안하고 불편할 수 있지만, 자꾸 하다 보면 습관으로 만들 수 있어요. 그리고 걸어 다닐 때 SNS를 보지 않는 것도 한 방법입니다. '스몸비' 스마트폰+좀비 라는 신조어가 생겨날 만큼, 횡단보도를 건널 때조차 스마트폰을 들여다보는 사람들이 많습니다. 심지어 이어폰까지 낀 채로요. 이는 매우 위험한 행동이랍니다. 눈과 귀를 닫고 다니는 것과 같거든요. 또한, 앱 알림을 꺼 두는 것이 좋습니다. 알림이 울리면 반사적으로 스마트폰에 손을 뻗기 마련이니까요. 이렇게 부담 없는 규칙들을 스스로 정해서 꾸준히 지켜 나가면 조금씩 SNS 중독에서 벗어날 수 있습니다.

집에서 실천할 수 있는 방법도 있습니다. 예를 들어, 토요일 밤에 잠들 때 스마트폰을 끄고, 일요일 아침에 일어나서 일정 시간이 지난 뒤에 스마트폰을 켜는 것입니다. 그리고 스마트폰을 사용하지 않을 때는 눈에 띄지 않는 곳에 두는 게 좋습니다. 시중에는 '휴대폰 감옥' '휴대폰 금욕 상자'로 불리는 제품이 있습니다. 사방이 창살로 둘러싸인 작은 상자입니다. 이 상자에 스마트폰을 넣고 자물쇠로 잠근 뒤, 상자와 열쇠를 보이지 않는 곳에 치워 둡니다. 그러면 가지러 가는 게 귀찮아서라도 얼마 동안은 스마트폰을 사용하지 않게 되지요. 타이머가 달려 있어 알람이 울리기 전까지 열리지 않게 만든 제품도 있습니다. 『도둑맞은 집중력』의 저자 요한 하리도 뚜껑 달린 금고에 스마트폰을 일정 시간 넣어 둔다고 합니다.

30여 년 전에는 신병 훈련소의 훈련병에게 5주 동안 밥 이외에 간식을 전혀 주지 않았습니다. 고된 훈련이 막바지에 이른 5주 차 주말, 처음으로 사과 한 알을 받아먹었는데요. 그때 입안에 퍼지던 달콤함을 아직도 잊지 못합니다. 이처럼 단 음식을 줄이면 사과가 평소보다 더 달게 느껴지고, 맨밥에서도 은은한 단맛을 느낄 수 있게 됩니다. 감정도 비슷합니다. 아무 자극도 없는 지루한 시간이 왜 중요할까요? 일상의 즐거움을 느끼기 위해 필요한 여백이기 때문입니다. SNS를 완전히 끊기 어렵다면 가끔이라도 멈춰 보세요. 잊고 있던 일상의 달콤함을 맛볼 수 있을 거예요.

SNS 문제를 다룬 청소년 소설

너를 위한 B컷

이금이 지음 | 문학동네

SNS에 비친 모습만 보고 상대를 다 안다고 착각하는 아이들, 그리고 그 착각 때문에 서로를 고립시키는 아이들의 모습을 현실적으로 그렸다. 유튜브 속 완벽한 모습을 위해 진실을 놓쳐 버린 주인공들을 통해 그럴듯하게 편집된 세상이 정말 내가 원하는 삶이었는지 묻는다.

너에게 꼭 할 말이 있어

최은영 지음 | 다림

SNS에서 주목받는 인물과 점점 밀려나는 인물의 이야기를 번갈아 보여 주며, 청소년기 또래 집단에서 느끼는 열등감, 동경, 우월감 같은 감정을 날카롭게 짚어 낸다. SNS로 인해 상처 입은 인물들이 결국 현실의 관계 안에서 위로를 받는 장면은, 다른 사람과 자신을 비교하며 힘들어하기보다 현재의 삶을 소중히 여겨야 한다는 메시지를 전한다.

나는 안티카페 운영자

정연철 지음 | 주니어김영사

한 반에서 벌어진 '은따' 사건을 통해 사춘기 아이들의 인간관계와 청소년 사이버 폭력 문제를 사실적으로 그려 낸다. 감정의 쓰레기통이 되어 버린 SNS가 어떻게 가해자와 피해자를 만들어 내는지를 보여 주며, 편견과 적대감에 사로잡힌 아이들이 각자의 잘못을 마주하고 조금씩 관계를 회복해 가는 과정을 섬세하게 그렸다.

하트의 탄생

정이현 지음 | 불키드 그림 | 창비

열다섯 살 '주민'은 SNS 인플루언서인 엄마와의 갈등 속에서 크고 작은 혼란을 겪는다. 화려해 보이는 엄마의 삶 뒤에 숨겨진 진짜 모습을 마주한 주민은 자신이 누구인지, 가족과 어떻게 소통해야 하는지를 깊이 고민하게 된다.

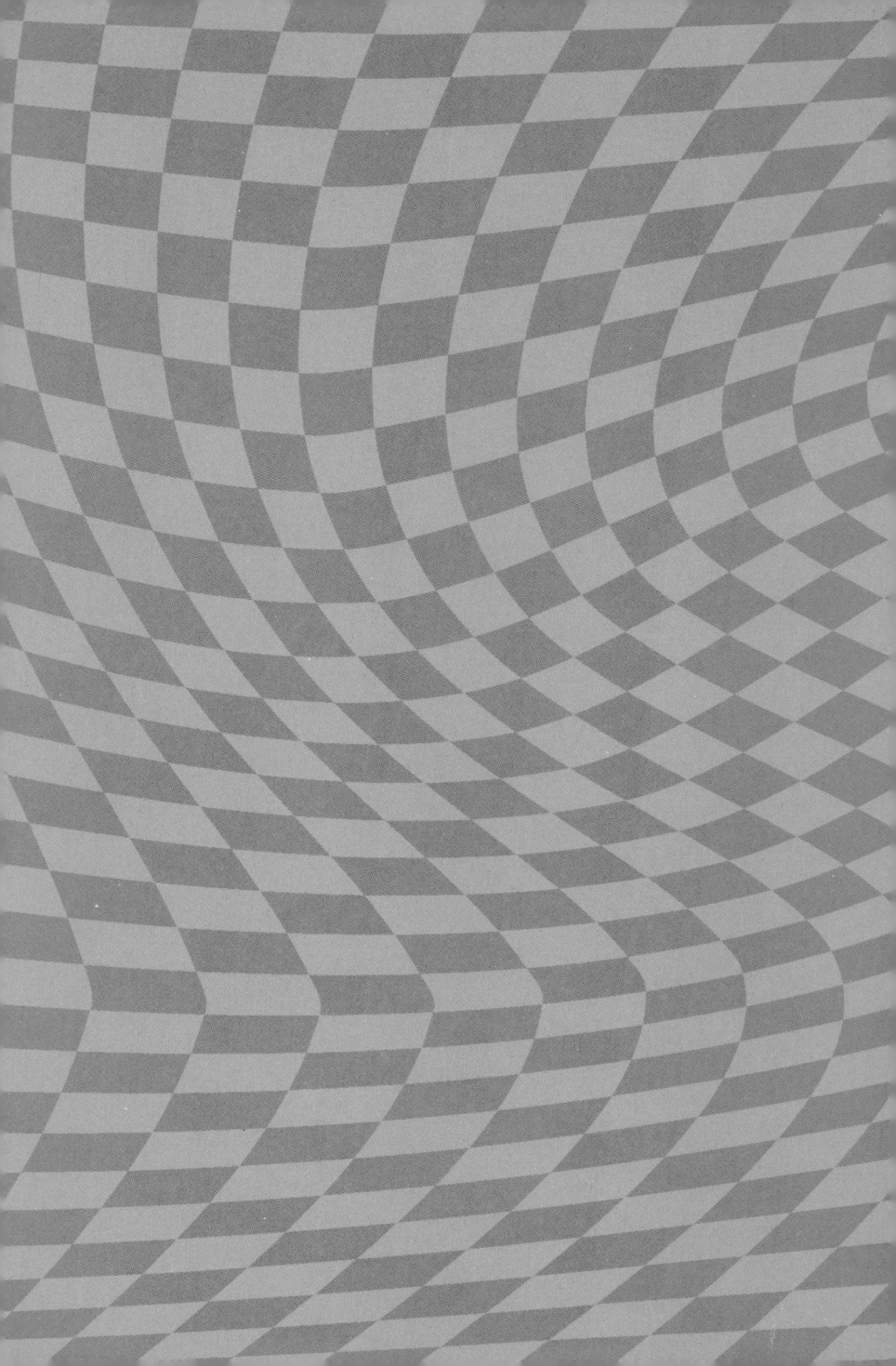

스마트폰 중독 ②

영상 중독 :
쇼츠는 짧지 않아

영상 중독 진단을 위한 셀프 체크

나에게 해당하는 항목에 체크하세요.

(7개 이상이면 위험, 4개 이상이면 주의 필요)

- ☐ 영상을 보지 않으면 불안감이나 스트레스를 느낀다.
- ☐ 영상 시청을 못 하게 되면 짜증이나 분노를 느낀다.
- ☐ 영상을 시청한 후 후회하거나 죄책감을 느낀 적이 있다.
- ☐ 학교, 직장, 가정에서 해야 할 일을 미루고 영상을 본 적이 자주 있다.
- ☐ 공부나 운전 중에도 틈틈이 스마트폰으로 영상을 들여다 본다.
- ☐ 친구나 가족과 보내는 시간보다 영상 시청이 더 중요하게 느껴진다.
- ☐ 계획보다 더 오래 영상을 보는 경우가 자주 있다.
- ☐ 영상 시청 때문에 자는 시간이 줄어들고 피로를 느낀다.
- ☐ 영상 시청 시간을 줄이려고 노력하지만 실천이 어렵다.
- ☐ 가족이나 친구가 나의 영상 시청에 대해 걱정하거나 지적한 적이 있다.

출처 : 미국정신의학회 DSM-5 중독 진단 기준 및 스마트폰·SNS 중독 척도 참고

요즘은 어릴 때부터 투자에 대한 관심이 큰가 봅니다. 한 학생이 얼마 전부터 주식 투자를 시작했다고 하더라고요. 학생이라서 큰돈은 없고 지금까지 모아 둔 용돈을 활용해 투자한다네요. "혹시 주변 친구가 하는 걸 보고 시작한 거야?" 하고 어떻게 관심을 갖게 됐는지 물었습니다.

그런데 뜻밖의 대답이 돌아옵니다. 주변에 주식 투자를 하는 친구가 없다는 것입니다. 대신, 유튜브를 통해서 재테크와 주식 투자에 대한 정보를 접했다네요. 생각해 보니 그럴 수 있겠습니다. 요즘은 궁금한 게 생기면 네이버, 다음 같은 포털보다 유튜브에서 먼저 검색하는 경우가 많으니까요. 이처럼 영상 기반 플랫폼인 유튜브, 넷플릭스, 틱톡 등은 일상에 깊이 파고들었습니다. 한 번도 안 본 사람은 있을 수 있어도, 한 번만 본 사람은 아주 드물 겁니다.

시간 도둑

영화나 드라마 등을 보다 보면 과거와 현재, 미래를 오고 가는 장면이 종종 등장합니다. 이를 '타임 슬립 Time slip'이라고 부릅니다. 그런데 어쩌면 우리는 매일 타임 슬립을 경험하고 있는지도 모릅니다. "이것만 보고 진짜 그만 봐야지" 하면서 잠들기 전 습관적으로 스마트폰을 보다 보면 어느새 시간이 훅 지나가 있어요. 바로 '시간 순삭'이죠. 얼마 안 본 것 같은데 한두 시간이 훌쩍 가 버린 거예요. 실제로 인터넷이나 스마트폰 중독과 관련해서 '시간 탕진'이라는 표현을 쓰기도 합니다. 영어로는 'Time suck'이라고 하죠. suck은 '빨아들이다'라는 뜻입니다. 진공청소기가 먼지를 빨아들이듯 사용자의 시간을 남김없이 빼앗는다는 의미이죠.

우리나라 국민이 가장 오랜 시간 사용하는 앱은 유튜브, 카카오톡, 네이버, 인스타그램, 틱톡 순입니다. 2025년 2월 기준 한국인의 유튜브 사용 시간은 월간 약 1,093억 분이었습니다. 특히 '숏폼' 이용 시간이 크게 늘었습니다. 이를 보여 주듯 2024년, MBC 예능 프로그램에 가수 겸 배우 설현의 일상이 공개돼 많은 시청자의 공감을 얻었지요. 설현은 아침에 눈을 뜬 순간부터 하루 평균 11시간 동안 숏폼 영상을 시청한다고 밝혔습니다.

릴스, 쇼츠, 틱톡 등 숏폼이 대세입니다. 1분 이내의 짧은 영상인 숏폼은 언제 어디서든 손쉽게 무료함을 달래 줍니다. 1분도 안 되는 짧은 영상이지만, 이어지는 영상을 연달아 보기 시작하면 서너 시간은 기본으로 지나갑니다. 스트레스를 받을 때 좋아하는 영상을 보면 도파민이 빠르게 분비돼 기분이 좋아지거든요. 그래서 시험 기간에 숏폼을 더 보게 됩니다. 결국, 숏폼을 보느라 공부할 시간이 부족해집니다.

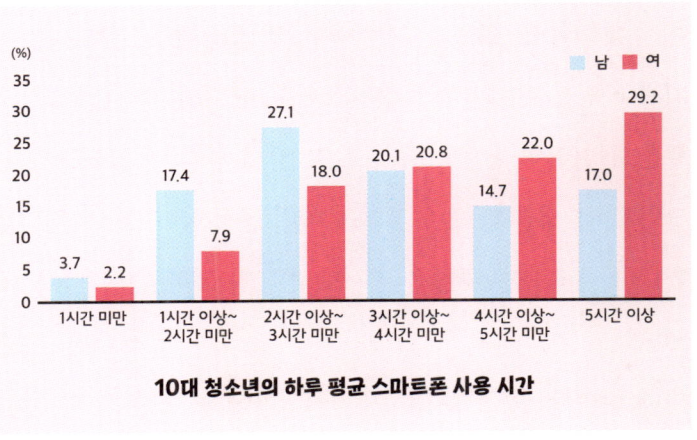

10대 청소년의 하루 평균 스마트폰 사용 시간

위 표를 보면, 하루 5시간 이상 스마트폰을 사용하는 청소년의 비율이 작지 않다는 것을 알 수 있습니다. 남녀 비율을 합하면 전체 청소년의 20%가 넘습니다. 청소년 다섯 명 중 한 명 이상이 학교에 있는 시간을 뺀 나머지 시간 대부분을 스마트폰에 내주는 셈이죠. 그리고 아동복지전문기관 초록우산이 2024년 발표한 〈2024 아동 행복 지수〉에 따르면, 고등학생의 70.4%가 수면 부족을 호소했고 18.7%는 불면증을 겪고 있는 것으로 나타났습니다. 또 전체 학생의 29.2%가 불면증의 주된 이유로 '휴대 전화나 태블릿 같은 미디어 사용'을 꼽았습니다.

'도파밍'이라는 신조어를 아나요? 도파민Dopamine과, 게임에서 아이템을 모으기 위해 어떤 행동을 반복한다는 뜻을 지닌 파밍Farming의 합성어입니다. 도파민이 나올 만한 흥미로운 일이라면 무엇이든 가리지 않고 한다는 의미랍니다. 그런 말이 생길 만큼 우리는 도파민 중독의 시대에 살고 있습니다. 우리는 지루함을 잠시도 견디지 못하고 습관적으로 재미있고 자극적인 것을 찾습니다. 그러다 보니 쉬는 시간이나 점심시간은 물론이고 뭔가를 기다리거나 차로 이동하는 짧은 시간에도 어김없이 스마트폰을 꺼내 들죠. 재미와 자극을 느끼지 않고서는 한시도 버티지 못하는 '도파민 중독'에 빠진 겁니다.

알고리즘 인류

유튜브를 시청하다 보면, 처음엔 필요한 영상만 보려고 했는데 나도 모르게 다른 영상을 보고 있을 때가 많습니다. "내가 왜 이걸 보고 있는지 모르겠다"라는 댓글에 수백 개의 공감 표시가 달립니다. 유튜브는 이용자가 좋아할 만한 영상을 알아서 추천해 주고, 그 영상을 보고 나면 관련 영상을 자동으로 다시 띄워 줍니다. 알고리즘 덕분이지요. 수많은 콘텐츠 중에 내가 좋아하는 영상을 어떻게 이리도 잘 찾아 줄까 싶을 정도입니다. 굳이 영상을 찾아다닐 필요가 없지요.

하지만 알고리즘의 진짜 목적은 이용자가 좋아하는 영상을 찾아 주는 게 아닙니다. 유튜브 알고리즘 개발에 참여했던 기욤 샬로는 한 언론과의 인터뷰에서 "유튜브 알고리즘은 당신이 원하는 것을 찾아 주기 위해서가 아니라 당신을 유튜브에 중독시키기 위해 만들어졌다"고 말했습니다. 또한, SNS의 문제점을 다룬 다큐멘터리 〈소셜 딜레마The Social Dilemma〉에 나온 관련 기술 기업의 전직 경영자들도 "회사가 이용자들의 중독을 의도했다"고 털어놓았습니다.

우리는 스마트폰을 통해 약간의 도파민을 얻는 대신 많은 것을 잃고 있습니다. 우리의 시간뿐만 아니라 건강한 상식, 균형 잡힌 생각도 잃을 수 있죠. 알고리즘은 편향, 즉 한쪽으로 치우친 생각으로 우리를 이끕니다. 예를 들어, '지구 평면설'에 대해서 들어 봤나요? 이를 믿는 사람들은 지구는 둥근 것이 아니라 평평하고, 우리 머리 위의 하늘은 투명한 돔 형태이며, 태양과 달이 지구 주위를 돈다고 여깁니다. 그리고 극지방의 산들은 원반 형태의 지구를 둘러싸고 있다고 생각하지요. 이는 유튜브를 통해 널리 퍼진 거짓 정보입니다. 그런데 놀라운 것은 지구가 평평하다고 주장하는 영상을 자주 보다 보면 결국 지구가 평평하다고 믿게 된다는 점입니다.

2019년, 미국 텍사스공과대학교 애슐리 랜드럼 교수는 '지구 평면설을 믿는 사람들Flat Earther이 갑자기 늘어난 배경은 유튜브이다'라는 연구 결과를 발표했습니다. 지구 평면설을 믿는 사람 30명을 인터뷰한 결과 그중 29명이 유튜브 영상을 보고 그렇게 믿게 됐다는 것입니다. 이들도 처음에는 지구 평면설을 믿지 않았다고 합니다. 그래서 도대체 무슨 말도 안 되는 주장을 하는지 확인하려고 관련 영상을 찾아봤다고 해요. 그런데 그런 영상을 한번 봤더니 관련 영상들이 줄줄이 이어졌고, 그 영상들을 보다 보니 어느 순간 자신도 지구가 평평하다고 믿게 되었다고 합니다.

단지 영상 몇 편을 봤을 뿐인데, 왜 영상 속 내용을 진짜라고 믿게 되는 걸까요? 예를 들어 유튜브에서 '평평한 지구'라는 키워드로 검색하면, 처음에는 지구가 평평하다고 주장하는 영상이 약 35% 정도 추천됩니다. 그런데 그 영상들을 몇 개 시청하다 보면, 어느새 추천 영상의 90%가 지구 평면설 관련 영상으로 가득 채워집니다. 실제로는 지구가 둥글다는 걸 설명하는 영상이 훨씬 많은데도, 유튜브는 지구 평면설 영상을 본 사람에게 그런 가짜 정보를 담은 영상만 자꾸 추천하는 것이죠.

문제는 이처럼 어쩌다 한번 가짜 뉴스를 접하면 그와 비슷한 내용이 계속 추천될 가능성이 높다는 거예요. 한 연구에 따르면, 유튜브·틱톡·인스타그램 등의 알고리즘이 남성 청소년에게 여성을 무시하거나 깎아내리는 영상을 자주 추천한다고 합니다. 영상 시청을 시작하고 25분 정도 지나면, 유해 알고리즘이 여성을 비하하는 영상을 가득 띄웁니다. 그렇게 두세 시간 정도 그런 영상들을 계속 보다 보면 이후에는 대부분 사회적으로 문제가 있는 영상들이 추천된다고 해요. 아직 균형 있는 시각과 비판적 사고력이 부족한 청소년들은 이런 문제 영상들을 진짜로 믿게 되고 성차별이나 인종 혐오 등을 당연하게 받아들이게 됩니다.

이러한 알고리즘의 문제점을 잘 알면서도 기업은 이를 해결하기는커녕 일부러 방치했습니다. 인스타그램의 유해 알고리즘이 사람들에게 끼치는 심각한 피해를 보여 주는 데이터가 나오자 이를 운영하는 기업, 메타는 어떤 반응을 보였을까요? 처음에는 이를 진지하게 논의하는 듯했습니다. 그러나 결국에는 의사 결정권자들이 알고리즘을 개선하지 못하게 막았습니다. 실례로, 메타의 데이터 과학자였던 프랜시스 하우건이 미국 의회에서 증언한 바에 따르면, 메타는 유해 알고리즘이 섭식 장애 음식을 거의 안 먹거나 지나치게 많이 먹는 장애와 자살 충동을 높인다는 사실을 분명히 알고 있었습니다. 그런데도 알고리즘을 개선하지 않았습니다. 유해 알고리즘이 사용자가 화면에 머무는 시간을 늘려, 기업에 더 많은 광고 수익을 안겨 주기 때문입니다.

고장 난 집중력과 문해력

짧고 자극적인 영상에만 익숙해지면 영화나 드라마는 지루하게 느껴져 건너뛰기나 빨리감기를 누르게 됩니다. 그런가 하면 공부를 하다 갑자기 스마트폰 속 영상을 보다가 다시 공부를 하기도 합니다. 공부를 하는 건지 영상을 보는 건지 헷갈립니다. 이런 식의 행동을 계속하다 보면 집중력이 떨어지고 기억력이나 사고력 등의 인지 기능에 문제가 생길 수 있습니다. 또한 기분이 우울해지거나 불안해지고, 감정이 쉽게 요동칠 수 있어요. 이런 상태가 계속되면 뇌 건강에도 악영향을 끼칠 수 있습니다.

'팝콘 브레인'이라는 말을 들어 봤나요? 미국 워싱턴대학교 정보대학원 교수인 데이비드 레비가 만든 표현으로, '팝콘이 터지듯 강렬한 자극에만 뇌가 반응하는 상태'를 말합니다. 자극적인 콘텐츠를 반복해서 보다 보면 일상에 흥미를 잃고 더 강한 자극을 찾게 되는 것이지요. 그렇게 팝콘 브레인 상태가 되면 현실 세계와 다른 사람의 감정에 관심이 없어지며, 눈과 귀를 사로잡는 짜릿한 것에만 반응하는 경향을 보입니다. 그렇게 빠르고 강렬한 자극에 익숙해진 뇌는 쉽게 집중력을 잃어버립니다.

한번 집중력이 흐트러지면, 다시 집중하는 데 시간이 오래 걸립니다. 겨우 다시 집중해도 그 집중력이 그리 오래 가지 않지요. 집중력 지속 시간에 관한 재미있는 연구가 하나 있습니다. 2015년, 마이크로소프트의 캐나다 연구팀이 약 2천 명의 뇌파를 측정한 결과 현대인의 집중력 지속 시간이 8초에 불과하다는 연구 결과를 내놓은 것이지요. 이는 2000년의 연구 결과인 12초와 비교하면 눈에 띄게 떨어진 수치로, 금붕어의 집중력 지속 시간인 9초보다 짧습니다.

스마트폰의 알림 기능 역시 집중력을 떨어뜨리는 요인입니다. 예전에는 휴대 전화로 전화를 하거나 문자를 보내는 게 전부였어요. 그런데 이제는 스마트폰에 설치된 모든 앱이 수시로 알림을 보냅니다. 메신저를 통해서 오는 친구나 지인의 연락뿐만 아니라 광고, 택배, 심지어 정부 기관의 알림 메시지가 수시로 옵니다. 상황이 이렇다 보니 공부나 일에 집중하려고 해도 긴 시간 동안 집중력을 유지하기 어렵습니다.

여러 일을 동시에 하는 걸 '멀티태스킹'이라고 부릅니다. 멀티태스킹을 잘하면 유능해 보이지요. 그런데 인간은 본래

멀티태스킹이 불가능합니다. 뇌는 기본적으로 한 번에 한 가지 작업만 할 수 있기 때문입니다. 전혀 다른 유형의 활동일 때만 두 가지 일을 동시에 할 수 있습니다. 예를 들어, 음악을 들으며 공원을 달릴 때처럼요. 그러나 비슷한 유형의 활동은 동시에 하기 어렵습니다. 허공에 대고 왼손은 삼각형을, 오른손은 원을 동시에 그려 보세요. 쉬워 보이지만 막상 해 보면 잘되지 않습니다.

그렇다면 멀티태스킹을 하는 것처럼 보이는 이유는 뭘까요? 우리가 실제 하는 일은 '멀티'가 아니라 '전환'입니다. 이 작업에서 저 작업으로 굉장히 빠르게 오가는 겁니다. 럭비공처럼 이리 튀고 저리 튀는 식이죠. 공부하거나 일하면서 아무 까닭 없이 수시로 스마트폰을 확인하는 것도 마찬가지입니다. 결국 매우 어수선한 상태가 되어서 공부에도 일에도 제대로 집중할 수 없게 되죠. 하루 종일 스마트폰을 손에서 놓지 못하는 우리는 만성적으로 산만한 사람이 되어 버렸습니다.

스마트폰을 사용하지 않고 주변에 두기만 해도 집중력이 흐트러진다는 연구 결과도 있습니다. 미국 샌디에이고 캘리포니아대학교 래디경영대학원에서 스마트폰을 사용하지 않을 때, 그리고 스마트폰을 사용하지 않지만 보이는 곳에 놓아 두었을 때 집중력이 어떻게 달라지는지 연구했습니다. 결과적으로, 스마트폰은 그저 옆에 놓여 있다는 사실만으로도 주의를 분산시켰습니다. 스마트폰을 쳐다보지 않으려고 애쓰는 것만으로도 상당한 집중력이 필요했기 때문입니다. 그 결과 학습 능력이나 업무 능력이 크게 떨어졌습니다.

　과도한 스마트폰 사용은 문해력도 떨어뜨립니다. 문해력이란 글을 읽고 이해하는 능력입니다. 스마트폰 사용 시간이 늘어날수록 글의 앞뒤 흐름을 이해하는 문해력이 자연스럽게 떨어지게 됩니다. 자는 시간을 빼고 늘 스마트폰을 끼고 살며, 글은 읽지 않고 영상만 보니 당연한 결과가 아닐까요? 심지어 검색마저 유튜브로 합니다. 무엇이든 영상으로 쉽게 접근하려다 보니 읽기 능력이 갈수록 퇴화하고 있습니다.

　사실, 이런 우려는 영상 시대가 오기 전부터 있었습니다. 인터넷 검색 프로그램을 브라우저 browser 라고 부르는데, 'browse'가 '훑어보다' '대강 읽다'를 뜻한다는 점은 시사하는 바가 큽니다. 화면을 아래로 휙휙 내리면서 보는 방식은 정보를 '읽는' 것이 아니라 '훑어보는' 행위에 가깝습니다.

실제로 스마트폰으로 글을 읽을 때는 종이책을 읽을 때보다 집중도가 떨어지고 대충 읽게 됩니다. 그 결과 스마트폰에 익숙해질수록 깊이 있는 독서가 어려워집니다.

글을 잘 읽으려면 우선 차근차근 읽어야 합니다. 당연히 한 줄 한 줄 다 읽어야겠죠. 왼쪽에서 오른쪽으로 선형으로 읽어야 합니다. 하지만 스마트폰으로는 그렇게 읽지 않습니다. 보통 F자 형태로 글을 읽죠. 맨 위 두세 줄을 읽은 후 아래로 쭉 훑어보다가, 중간 부분에서 다시 두세 줄을 읽고 나머지는 훑어봅니다. 아주 산만한 읽기 방식이죠. 이렇게 읽으면 빠르게 볼 수는 있지만 정확하게 읽을 수는 없습니다. 스마트폰을 통한 글 읽기에 구멍이 숭숭 뚫려 있는 이유입니다.

문해력은 공부를 하는 데 꼭 필요한 기본 능력입니다. 그런데 시험을 볼 때 문제 자체를 이해하지 못하는 초등학생들이 점점 늘어나고 있어 걱정입니다. 학교 수업 시간은 대부분 단어의 뜻을 설명하는 데 쓰이고 있어요. 그래서 원래 계획했던 진도의 2분의 1, 심지어 3분의 1밖에 못 나가기도 합니다. 청소년들도 크게 다르지 않습니다. 2024년 발표된 국제학업성취도PISA 지표를 보면, 한국 학생들 중 읽기 능력이 기초 수준에 못 미치는 비율이 2009년 5.8%에서 2022년 14.7%로 3배 가까이 늘었습니다.

성인을 대상으로 한 문해력 강좌도 많아졌습니다. 문해력 수업은 원래 초등학생들이 학원에서 듣던 수업이었습니다. 그런데 지금은 달라졌습니다. 일부 성인들은 보고서를 쓰려고 자료를 읽어도 머리에 남는 내용이 거의 없다고 하소연합니다. "너무 좋은 글 감사합니다. 그런데 누가 세 줄로 요약해 주실 분?" 긴 글에 꼭 달리는 댓글입니다. 예전에는 긴 글을 읽지 못하면 자신의 문해력 부족을 탓했는데, 요즘에는 '쓸데없이 길기만 한 글'이라면서 작성자를 비난합니다.

현명한 스마트폰 사용법

2022년, 미국 시카고의 한 동물원에 사는 고릴라 '아마레'는 방문객의 스마트폰을 즐겨 훔쳐보았습니다. 당시 폭스 뉴스 등 미국 언론에 비친 아마레의 모습은 스마트폰에 빠져 있는 사람들과 다를 게 없었습니다. 심지어 다른 고릴

라가 공격해도 알아차리지 못할 정도였죠. 결국 사육사들은 방문객이 아마레에게 스마트폰을 보여 주지 못하도록 완충 구역을 만들어야 했습니다. 스마트폰의 강력한 영향력을 보여 주는 사례입니다.

테트리스 게임에서 빈칸에 벽돌을 끼워 맞추듯, 우리는 빈 시간을 전부 스마트폰으로 채우는 경우가 많습니다. 잠깐의 지루함도, 자투리 시간의 심심함도 견디지 못해 스마트폰에 의지합니다. 가령 학원 수업 사이의 짧은 쉬는 시간에도 스마트폰을 들여다봅니다. 그러니 뇌는 쉴 틈이 없습니다. 수업 시간에는 공부에 집중하고 쉬는 시간에는 스마트폰에 집중하느라 과부하 상태가 됩니다. 쉴 때는 멍하니 있거나 친구들과 가볍게 잡담하는 게 좋습니다. 그것이 진짜 휴식입니다. 아무것도 하지 않고 뇌를 쉬게 해야 합니다. 그렇지 않으면 정작 집중이 필요한 순간에 제대로 집중하지 못하게 됩니다.

그렇다면 잃어버린 집중력을 어떻게 되찾을까요? 방법은 간단합니다. 스마트폰을 꺼 두거나 곁에 두지 않는 것만으로도 집중력이 좋아질 수 있습니다. 수업 시간에 스마트폰을 가져오지 않은 아이들이 필기를 훨씬 더 잘합니다. 수업 내용도 더 많이 기억합니다. 이처럼 스마트폰 사용을 절제하면 집중력을 회복할 수 있습니다.

절제된 사용 못지않게 중요한 것은 현명한 사용입니다. 이때 꼭 필요한 것이 디지털 리터러시 literacy 입니다. 디지털 리터러시는 디지털 콘텐츠를 주체적이고 비판적으로 받아들이는 능력입니다. 쉽게 말해, 흘러넘치는 정보들 가운데 진실과 거짓, 중요한 것과 중요하지 않은 것을 가려내는 안목과 능력이죠. 이런 능력은 '깊이 읽기'와 '비판적으로 읽기'를 통해 길러집니다. 어떤 정보를 대충 훑어보지 말고 차분히 읽으면서 그 내용이 사실에 근거하고 있는지, 논리적으로 타당한지 따져 봐야 합니다.

비판적 사고력의 핵심은 따져 묻는 데에 있습니다. 한마디로 의심하는 태도죠. 어떤 정보를 대할 때 '의심하고 따져 보고 확인해야' 합니다. 허위 정보와 가짜 뉴스가 퍼지는 가장 큰 이유는 의심하지 않기 때문입니다. 어떤 정보도 완벽할 수 없기 때문에 늘 '정말일까' 하고 의심해야 합니다. 그러기 위해서는 먼저 주장과 근거를 구분해야 합니다. 그 다음엔 그 근거가 타당한지를 따져 봐야 하죠. 어떤 주장이 옳은지 그른지는 주장 자체가 아니라 그 주장을 뒷받침하는 근거에 달려 있기 때문입니다. 만약 근거가 의심스럽다면 반대 입장의 근거도 함께 살펴보는 것이 좋습니다. 이런 과정을 통해 어떤 주장이 더 타당한지 비교할 수 있습니다.

의심해야 할 대상에는 우리의 경험도 포함됩니다. 우리는 어떤 정보가 믿을 만한지 판단할 때 흔히 자기 경험을 근거로 삼습니다. 하지만 개인적인 경험만으로는 타당한 근거가 되기 어렵습니다. 맛집이라고 해서 찾아갔는데 내 입에는 너무 짜거나 달게 느껴질 때가 있어요. 또 같은 영화를 봐도 사람마다 다르게 받아들이지요. 이처럼 감각과 경험은 상황과 사람에 따라 다를 수 있습니다. 그런데도 사람들은 자신이나 지인의 경험을 근거로 판단할 때가 많습니다. '성급한 일반화의 오류'입니다. 과학에서는 단 한 번의 실험으로는 결코 가설이 증명되었다고 말하지 않습니다. 수차례의 실험과 반복 검증을 거쳐 사실로 확인될 때 비로소 가설이 증명됩니다. 우리 역시 한두 번 겪은 일을 근거로 어떤 사실을 쉽게 믿어 버려서는 안 됩니다. 직접 겪은 일이라 해도 한 번쯤은 의심해 봐야 합니다.

비판적 사고력을 기르려면, 어떤 글이나 말을 접했을 때 '왜 이 사람이 이런 말을 했을까?' 하고 의심해 보는 훈련이 필요합니다. 모든 정보에는 만든 사람의 목적이나 숨은 뜻이 있기 마련이거든요. 그 의도를 파악하면 그 정보가 믿을 만한지 판단하는 데 도움이 되지요. 의도를 알아차리기 어려울 때는 그 정보로 누가 어떤 이득을 얻는지 생각해 보세요. 예컨대 어떤 제품을 홍보하는 글이라면 글쓴이가 그 제품의 판매처로부터 어떤 대가나 약속을 받았을 가능성을 생각할 수 있겠지요.

마지막으로, 출처 없는 정보를 그대로 믿는 습관을 버려야 합니다. 허위 정보에 속지 않고 비판적으로 정보나 뉴스를 읽으려면 반드시 출처부터 확인해야 합니다. 출처가 분명해야 진짜 뉴스인지 가짜 뉴스인지 구분할 수 있고, 그 뉴스가 만들어진 배경과 의도까지 파악할 수 있습니다. 작성자가 있다면 그 사람이 실제로 존재하는지, 과거에 어떤 글을 써 왔는지 살펴보는 게 좋아요. 작성자가 누구인지조차 알 수 없는 정보는 믿으면 안 됩니다. 또한 그 정보가 언제, 어디에서 만들어진 것인지도 확인하면 좋습니다. 출처가 불분명하다면 허위 정보일 가능성이 높습니다.

중독을 다룬 영화와 영상

ARE YOU LOST IN THE WORLD LIKE ME?

너도 나처럼 세상 속에서 방황하고 있니?

스마트폰에 빠진 현대 사회를 비판하는 애니메이션 뮤직비디오. 사람들은 모두 화면 속 세상에만 몰두한 채 진짜 대화와 감정을 잃어간다. 주인공은 외로움 속에서 점점 무너져 내린다. '나는 정말 괜찮은가?'라는 질문을 던지며 SNS 중독, 무관심, 고립 같은 문제를 날카롭게 드러낸다. 짧지만 강렬한 메시지로 청소년에게 깊은 울림과 생각 거리를 주는 작품이다.

무료 감상

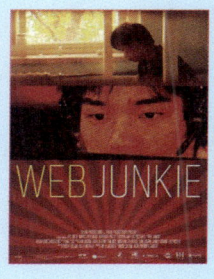

인터넷 중독자 수용소 Web Junkie

2013년에 제작된 다큐멘터리 드라마로, 중국 정부가 세계 최초로 세운 청소년 인터넷 중독 치료 센터를 배경으로 한다. 이 영화는 그곳에 들어간 10대 청소년들이 치료를 받는 과정에서 어떤 일들을 겪는지 보여 준다. 감시와 훈련이 일상이 된 생활 속에서 아이들은 점점 더 큰 정신적 압박을 느끼고, 어른들과의 갈등도 깊어져 간다. 과연 이 아이들은 인터넷 중독에서 벗어날 수 있을까? 인터넷 중독이 만들어 낸 낯선 현실을 보여 주는 이 작품은 2014년 선댄스 영화제 경쟁 부문에도 올랐다.

뷰티풀 보이 Beautiful Boy

2018년에 제작된 미국 영화로, 책을 좋아하고 예술과 운동에 재능 있는 모범적인 아들이 약물 중독에 빠지면서 벌어지는 이야기를 담고 있다. 그런 아들을 사랑으로 지켜보며 끝까지 함께하는 과정을 아버지의 시선을 통해 섬세하게 그려 낸다. 실화를 바탕으로 만들어진 이 작품은 약물 중독의 고통과 회복의 여정을 사실적으로 보여 준다.

게임 중독
시간도, 현실도 잊힌 세계

나에게 해당하는 항목에 체크하세요.

(5개 이상이 12개월 이내에 나타났다면 위험, 3개 이상이면 주의 필요)

☐ 게임에 집착하며, 하루 종일 게임 생각만 한다.

☐ 게임을 하지 못할 때 불안, 짜증, 우울 같은 금단 증상이 나타난다.

☐ 게임을 하는 시간이 점점 늘어난다.

☐ 게임을 줄이거나 그만두려고 해도 잘 안 된다.

☐ 게임 외의 취미, 친구와의 만남, 실외 활동(운동) 등에는 관심이 줄어 들고 있다.

☐ 건강이나 학업, 인간관계에 문제가 생겨도 게임을 계속한다.

☐ 게임 시간이나 횟수에 대해 거짓말을 한 적이 있다.

☐ 우울, 무기력, 죄책감, 외로움 같은 감정을 잊기 위해 게임을 한다.

☐ 게임 때문에 중요한 관계, 학업, 업무 등을 망치거나 포기한 적이 있다.

출처 : 세계보건기구 WHO '게임 장애' 핵심 요소 기준 및 미국정신의학회 인터넷 게임 장애 진단 기준 참고

"별로 밥 생각이 없어요. 숙제가 많으니까 집에서 공부할 게요." 온 가족이 외식하러 나가는데, 아이가 혼자 집에 남 겠답니다. 부모는 '아이가 사춘기라서 혼자 있고 싶은가 보다'라고 생각해 아이의 뜻을 존중해 줍니다. 그런데 사실, 아이는 외식 얘기가 처음 나온 순간부터 속으로 들떠 있었 습니다. 집에 아무도 없을 때 마음껏 게임을 즐길 수 있겠 다는 생각에 짜릿했던 거죠. 외출한 부모가 전화해서 "지금 뭐 해?"라고 물어보면 아이는 공부한다고 대답합니다. 게임 에 빠지면 거짓말이 늘게 됩니다. 부모 몰래 게임을 하려면 어쩔 수 없죠.

부모는 아이가 게임에 빠진 걸 알았을 때부터 스마트폰 에 게임을 깔았는지 주기적으로 검사하기 시작합니다. 이때 부터 숨바꼭질이 시작됩니다. 아이는 숨기고 부모는 찾습니 다. 급기야 용돈을 모아 게임용 공기계를 삽니다. 처음에는 책상 서랍, 침대 틈 같은 곳에 숨깁니다. 그러다 걸리면 화 장실에 숨깁니다. 화장실 천장에 있는 점검구 있죠? 그 안 쪽에다 숨기면 아무도 못 찾는답니다. 아이는 기회를 엿보 다 몰래 꺼내 게임을 합니다.

게임 제너레이션의 탄생

전 세계 게임 인구는 37억 명에 이릅니다. 한국콘텐츠진흥원이 2023년 발표한 자료에 따르면, 만 10세부터 64세까지 우리나라 국민의 62.9%가 최근 1년간 게임을 했습니다. 코로나가 한창이던 2020년에는 평균 70%를 넘었고, 특히 2022년에는 74.4%로 정점을 찍었습니다. 이제는 대부분의 사람들이 게임을 즐긴다는 사실을 알 수 있습니다. 이른바 '게임 세대'입니다.

"하루 종일 게임만 해요." "밤낮 구분이 안 되는 것 같아요." "가족보다 같이 게임하는 사람들을 더 좋아해요." "공부에 관심이 없고 학교에 지각, 결석을 자주 해요." "게임에 빠져서 거짓말만 하고, 부모 지갑에 손을 대요." 게임에 빠진 자녀를 둔 부모들은 이런 하소연을 합니다. 왜 이런 일들이 벌어질까요? 게임에 지나치게 빠져들면 시간 개념과 현실 감각을 잃기 때문입니다.

게임에 몰입하는 순간에는 '시간의 왜곡'이 일어납니다. 공부할 때는 느리게 가는 시간이 게임할 때는 빠르게 흘러갑니다. 그렇게 새벽까지 게임을 하느라 늦게 자니 학교에서 꾸벅꾸벅 졸기 일쑤입니다. 집에 와서도 틈만 나면 낮잠을 잡니다. 왜 그럴까요? 일부러 늦게까지 게임을 하려 한 게 아니라 게임을 하다 보니 어느새 시간이 훌쩍 흘러가 버리는 탓이죠.

게임은 현실에서 채워지지 않은 마음을 달래기에 가장 손쉬운 수단입니다. 게임은 벗어나고픈 현실의 도피처가 되고, 게임 속의 내가 진짜 나처럼 느껴지기도 합니다. 그래서 게임에 빠진 사람일수록 현실 속 사람들보다 게임 속 캐릭터와 함께하는 시간을 더 좋아합니다. 게임 속에서 맺은 관계를 '진짜 관계'로 믿기 때문에 현실의 인간관계는 불필요하다고 느낍니다. 그들은 굳이 현실에서 만족하는 방법을 찾으려 하지 않습니다. 게임으로 충분히 만족감을 느끼니 그럴 필요가 없습니다.

사실 게임에 중독된 뇌는 현실과 게임 속 상황을 구분하지 못합니다. 뇌는 게임 속에서 일어나는 일들을 현실에서 일어나는 일들과 똑같이 받아들입니다. 예를 들어, 게임 속 팀원들에게 칭찬을 받으면 현실에서 부모님이나 선생님에게 칭찬받은 것처럼 기쁨을 느낍니다. 반대로 팀원들에게 비난을 들으면 현실에서 친구나 직장 동료에게 비난받은 것처럼 괴로움을 느끼고요. 하지만 기본적으로 게임에서는 부정적인 피드백보다 긍정적인 피드백을 더 많이 경험합니다. 레벨이 오를 때마다 나오는 격려의 말과 보상이 그것입니다. 이러한 긍정적인 피드백은 도파민을 분비시켜 기분을 좋게 하고 뇌는 더 많은 칭찬과 보상을 갈망하게 됩니다.

왜 게임에 빠질까?

한 심리학자가 가상 세계를 연구하기 위해 박사 논문 주제로 PC 게임 '마비노기'를 선택했습니다. 문제는 그 심리학자가 원래 게임을 그다지 즐기지 않았다는 점입니다. 게임에 대한 이해가 부족해 논문을 쓰기가 어려웠지요. 그래서 게임을 좋아하는 친구에게 하나하나 배우면서 게임을 하기 시작했습니다. 그러다 결국 게임에 빠져 버린 그 심리학자는 이렇게 말했습니다. "1년간 아무것도 안 하고 오로지 게임만 했어요." 이 사례를 통해 누구나 게임에 쉽게 중독될 수 있다는 걸 알 수 있습니다. 그중에서도 청소년의 게임 중독이 특히 두드러집니다. 세계보건기구의 2023년 보고서에 따르면 12세에서 20세의 남성 청소년이 게임에 가장 많이 중독됐습니다.

게임에 중독되는 이유를 '게임 자체의 특성'과 '이용자의 약점'이라는 두 가지 측면으로 나눠서 살펴볼 수 있습니다. 먼저, 게임 자체가 어떤 특성을 가지고 있는지 알아보겠습니다.

첫 번째 특성은, 게임 속에서 주어지는 '불규칙적인 보상' 입니다. 언제, 어떻게 보상이 나올지 모르는 상황이 뇌의 보상 회로를 강하게 자극합니다. 게임에서 적을 물리치거나 특정 장소에 가면 아이템을 얻을 수 있습니다. 일정 시간마다 무료 아이템이 주어지기도 하지요. 그런데 어떤 아이템을 받을지 모릅니다. 매우 희귀한 아이템을 받을 수도 있고, 이미 가지고 있거나 가치가 낮은 아이템을 받을 수도 있습니다. 심지어 어떤 아이템이 나올지도 모르는데 돈을 내고 사는 경우도 있습니다. 최근 문제가 된 '확률형 아이템'이 그런 경우죠. 이처럼 예측할 수 없는 보상은 게이머의 흥미를 끌고 강렬한 자극을 주기 때문에 중독성이 큽니다.

두 번째 특성은, '게임에는 끝이 없다'는 점입니다. 과거의 게임들은 데이터의 한계 때문에 끝이 있을 수밖에 없었

습니다. 단계를 하나씩 깨고 다음 단계로 올라가는 데 일정한 시간과 노력이 들지만, 언젠가는 끝에 도달했죠. 그러고 나면 곧 그 게임에 흥미를 잃었습니다. 짧게는 1~2주, 길면 1~2개월 만에 결말을 보고 게임에서 벗어났지요. 하지만 요즘 게임에는 끝이 없습니다. 업데이트될 때마다 새로운 이야기와 배경이 펼쳐지고 게임을 할 때마다 새로운 사람들을 만나게 됩니다. 게임의 구조와 아이템도 매번 새롭게 바뀝니다.

세 번째 특성은, '게임을 할 수 있는 물리적 제약이 사라졌다'는 점입니다. 과거에는 오락실에 가야만 게임을 할 수 있었습니다. 콘솔 게임이 나왔을 때도 전용 기기가 있어야 게임을 할 수 있었습니다. 오락실에 머물 수 있는 시간은 기껏해야 학교 끝나고 30분, 길어야 1~2시간이었습니다. 또 게임을 새로 할 때마다 게임기에 동전을 넣어야 했기에 게임을 오랜 시간 하기는 어려웠죠. 그런데 지금은 모바일 게임과 온라인 게임이 대세입니다. 언제 어디서든 게임을 할 수 있습니다. 무료로 즐길 수 있는 게임도 많죠. 이처럼 제한이 없다 보니 게임을 끝도 없이 하게 되고 결국 쉽게 중독이 됩니다.

다음으로, 이용자가 게임 중독에 어떤 약점을 가지고 있는지 게임과 공부의 차이를 통해 살펴보겠습니다.

수업 시간에는 꾸벅꾸벅 졸며, 선생님이 깨우면 졸린 눈으로 고개를 드는 학생이 있습니다. 그런데 그 학생의 눈빛이 유독 빛나는 순간이 있습니다. 바로 게임할 때죠. 그 모습을 본 부모는 '공부할 때도 저런 눈빛이면 얼마나 좋을까?'라고 생각하지요. 게임과 공부가 어떻게 다르기에 게임에는 중독되지만 공부에는 중독되기 어려울까요?

모든 게임에는 공통적인 요소가 있습니다. 게임마다 과제^{미션}가 있고, 이를 완수하면 긍정적인 피드백이 주어집니다. 이러한 피드백이 쌓이면 점수가 오르거나 게임 머니가 쌓이는 등 보상^{리워드}을 받습니다. 레벨이 올라가거나 아이템을 사서 캐릭터를 강화하면 게임 내 순위가 올라갑니다. 더 좋은 아이템과 더 높은 순위를 얻은 뒤에는 더 많은 피드백과 보상을 받기 위해 새로운 과제를 찾게 됩니다. '과제-피드백-보상'으로 이어지는 게임의 구조는 보상에 쉽게 끌리는 이용자의 심리를 노린 것이며, 바로 이 보상 체계가 이용자를 게임에 빠지게 만드는 핵심입니다.

공부에는 부정적인 피드백이 대부분입니다. 백 점이 아니면 주로 지적을 받게 됩니다. 대부분의 선생님은 시험 결과를 놓고 학생이 잘한 걸 칭찬하기보다 잘못한 걸 짚어 주는 데 초점을 맞춥니다. 지금보다 앞으로 더 잘하길 기대하기 때문이겠죠. 게다가 최종적 보상은 먼 미래에 있습니다. 학생들에게 공부하는 이유를 물어보면 "좋은 대학을 가려고" 또는 "좋은 직장에 취직하려고"라고 답합니다. 열심히 공부해서 결국 좋은 직업을 갖게 되더라도 그건 10년쯤 뒤의 일입니다. 이처럼 공부는 지금 당장 좋은 반응을 얻기 어렵고, 보상은 한참 뒤에야 받을 수 있기 때문에 계속하고 싶은 마음이 잘 생기지 않아요. 그래서 게임처럼 중독되기 어렵습니다.

보상에는 점수나 아이템뿐 아니라 '타인의 인정'도 포함됩니다. 사람들은 현실에서 충족되지 못한 인정받고 싶은 욕구를 게임으로 대리 충족하려 합니다. 현실에서는 다른 사람들에게 주목받거나 칭찬받는 일이 그리 흔하지 않지만 게임에서는 자주 칭찬을 받을 수 있습니다. 자동차 시뮬레이션 게임에서 어려운 코스를 부드럽게 잘 지나가면 "퍼펙트!" "운전 실력이 정말 좋군요" 같은 기분 좋은 피드백이 나오지요. 동시에 점수판의 숫자도 빠르게 올라갑니다. '대리 충족'이라고 했지만, 꼭 '대리'라고만 할 수도 없습니다. 그 자체가 실질적인 만족감을 주니까요. 앞에서 말한 것처럼 뇌는 현실에서 받은 칭찬과 게임 속에서 받은 칭찬을 전혀 구분하지 못합니다.

자, 더 많은 칭찬을 받을 수 있는 손쉬운 도구가 있다면 사람들은 어떻게 할까요? 당연히 그 도구에 푹 빠지게 될 것입니다. 게임이 바로 그런 도구 중 하나랍니다. 기분 전환과 여가 활동을 위해 잠깐씩 게임을 한다면 문제가 되지 않습니다. 문제는 이용자가 점수나 등급에 매달리고 꼭 이겨야 한다는 강박에 사로잡혀 있는 경우입니다. 이러한 상황에서 자기 통제는 점점 더 어려워집니다. 게임 회사는 이처럼 사람들의 약한 심리를 이용해 게임에 중독되도록 설계합니다. 그렇게 게임에 빠진 사람들은 더 많은 돈과 시간, 에너지를 쏟아붓게 됩니다.

최근에는 도박까지

최근에는 청소년 도박도 문제입니다. 원래 도박과 게임은 다릅니다. 하지만 게임이 어느 순간 도박으로 돌변할 수 있습니다. 예를 들어 〈부루마불〉 같은 보드게임을 할 때 가짜 돈 대신 진짜 돈을 걸고 하면 어떻게 될까요? 현금이 오가면 분위기는 사뭇 진지해질 겁니다. 살벌하기까지 할 테죠. 돈이 끼어드는 순간 재미로 하던 게임이 험악한 도박으로 바뀝니다.

미국 라스베이거스의 카지노 호텔 1층에는 슬롯머신이 가득합니다. 레버를 당기거나 버튼을 누르면 숫자나 그림이 그려진 원통이 빠르게 회전합니다. 페이 라인 상금 선에 같은 그림들이 나란히 걸쳐지면 상금을 받는 간단한 게임입니다. 카지노 수입의 70~80%가 슬롯머신에서 나올 정도로 슬롯머신은 많은 돈을 벌어들입니다. 슬롯머신의 규칙은 컴퓨터 게임과 비교하면 너무 단순합니다. 화면의 그림도 촌스럽고 조잡합니다.

사람들은 왜 이런 단순하기 그지없는 슬롯머신에 빠져들까요? 앞서 말했듯 게임에 중독되는 이유는 불규칙적 보상 때문입니다. 게임이자 도박인 슬롯머신도 마찬가지입니다. 언젠가 슬롯머신으로 큰돈을 딸 수도 있습니다. 그러나 대개는 꽝입니다. 상금을 언제 받을지 전혀 알 수 없죠. 그럴

수록 뇌의 보상 회로가 강하게 자극됩니다. 결과를 쉽사리 예측할 수 없기 때문에 더 흥분되고 자극적입니다. 확실한 보상보다 이따금 생기는 불확실한 보상에 뇌는 더 많은 도파민을 분비한답니다. 슬롯머신의 버튼을 계속 누르는 이유지요.

도박을 시작하는 나이가 점점 어려지고 있습니다. 10여 년 전에는 청소년 도박 문제가 그다지 심각하지 않았습니다. 일부 고등학생의 문제였거든요. 그런데 지금은 중학생도 도박을 합니다. 실제로 여성가족부가 2023년 4월 전국 중학교 1학년과 고등학교 1학년 학생 약 88만 명을 조사한 결과, 온라인 도박 위험군은 2만 8,838명이었습니다. 중학교 1학년이 1만 6,000여 명, 고등학교 1학년이 1만 2,000여 명이었습니다. 조사에 잡히지 않은 청소년까지 고려한다면 그 수는 더 많을 걸로 예상됩니다. 심지어 초등학생도 도박을 하는 경우가 있습니다. 도박 때문에 일상생활에 지장을 받는 학생은 초·중·고 재학생 전체 중 4.8%, 약 19만 명으로 추정됩니다. 초·중·고 학생 4명 중 1명이 온라인 도박을 해 봤다는 내용이 보도된 사례도 있었습니다. 청소년의 온라인 불법 도박 상담 건수는 2017년 503건에서 2021

년 1,242건으로, 5년 사이 약 2.5배 가까이 늘어났습니다.

스마트폰이 대중화되고 SNS가 활성화되면서 누구나 온라인 도박을 쉽게 접할 수 있게 되었습니다. 도박 사이트 운영자는 무료 콘텐츠 사이트나 불법 웹툰 사이트 등에 배너 광고를 올려 청소년들을 유혹합니다. 최근에는 귀여운 캐릭터를 앞세워 게임처럼 위장한 신종 도박도 쏟아지고 있습니다. 이처럼 온라인 게임의 탈을 쓴 온라인 도박이 청소년들 사이에 널리 퍼지고 있습니다.

또래 집단을 통해 쉽게 접근할 수 있다는 점도 청소년 도박을 부추기는 요인입니다. 청소년들은 인터넷이나 SNS뿐만 아니라 친구나 동네 선배 등을 통해서도 온라인 불법 도박을 접합니다. '지인 추천 이벤트'라고 해서 사이트에 지인을 가입시키면 수당 온라인 머니을 지급하는 방식으로 도박에 빠진 청소년들이 친구들까지 도박에 끌어들이게 합니다.

돈을 쉽고 편하게 많이 벌 수 있을 거란 기대감 때문에 온라인 도박은 중독으로 이어질 위험이 더욱 큽니다. 특히 청소년은 자기 통제력이 약해 한번 중독되면 빠져나오기 어렵습니다. 잃은 돈을 되찾으려다 베팅이 점점 커지고, 결국 더 깊은 수렁으로 빠지는 악순환이 반복되기 쉽습니다.

게임 중독 탈출

"그만하라고 했다!" 부모님이 소리를 지릅니다. 그러면 게임에 한창 빠져 있는 자녀들은 이렇게 말합니다. "딱 한 판만!" "이것만 깨고 끌게요." "30분만 더 할게요." 부모님이 게임을 두고 자녀와 실랑이를 벌이는 모습은 낯설지 않습니다. 너무 많이 하는 거 아니냐고 다그치면 이제 시작했다며 펄쩍 뜁니다. "조금만 할게요"라고 하지만, 일단 게임을 시작하면 '조금만'은 불가능합니다. 게임은 조금만 할 수 없습니다. 한번 시작하면 끝을 봐야 합니다.

게임에 빠지면 빠질수록 게임을 하지 않는 시간이 지루해서 견디기 힘듭니다. 게임 때문에 공부도 하기 싫고 성적도 떨어지고 대인 관계도 엉망이 된 것 같습니다. 게임 때문에 주변 사람에게 거짓말을 하게 되는 것도 싫습니다. 그렇다면 본인 스스로도 자신이 게임에 중독되었다고 느끼고 있는 것입니다. 이럴 때는 부모님께 도움을 요청하는 게 좋습니다. 마음을 열고 솔직하게 말하면 부모님도 일방적으로 꾸짖지는 않을 겁니다. 너무 절망하지 마세요. 문제를 문제로 인식하는 순간부터 문제 해결은 시작되니까요.

중독에서 벗어나는 방법은 끊는 것뿐입니다. 당연한 얘기죠. 서서히 줄이는 것보다 단번에 끊는 게 좋습니다. 물론 중독 행동을 단번에 그만두기란 매우 어렵습니다. 그렇다면 어쩔 수 없이 조금씩 줄여 가면서, 결국엔 그 습관의 고리를 끊는 게 현실적입니다. '중독되었기 때문에 그 행동을 반복한다'는 건 잘못된 말이에요. 사실은 그 반대예요. '그 행동을 반복했기 때문에 중독된다'가 더 정확합니다. 뭐든지 자주 반복하다 보면 어느새 습관이 되는 것처럼요. 자신에게 재미와 위안을 주는 행동을 날마다 반복하다 보면 어느새 그것에 중독되고 맙니다. 마찬가지로 게임을 날마다 하면 그게 습관이 되고 결국 중독으로 발전할 수 있어요.

한편, 게임 중독의 원인이 꼭 게임 때문만은 아닐 수도 있습니다. 어쩌면 이미 삶을 힘들게 만든 다른 문제들이 있었고, 게임은 그 결과로 나타난 행동일지도 모릅니다. 게임은 결과일 뿐 진짜 원인은 따로 있는 것이죠. 가정이나 학교에서 받는 스트레스를 풀기 위해 게임에 집착하는 경우가 흔합니다. 불안한 가정 분위기, 가족 간 소통의 어려움, 부모의 부적절한 양육 태도 등 가정환경 문제는 게임에 더욱 의존하게 만들기도 합니다. 또한 학교나 또래로부터 사회적·정서적 지지를 받지 못해 게임으로 외로움을 채우려는 경우도 있습니다.

게임에 중독되지 않으려면 어떻게 해야 할까요? 타인과의 좋은 관계와 삶에 대한 만족감은 우리가 게임 중독에 빠지지 않도록 지켜 주는 중요한 기반입니다. 주변 사람들과 좋은 관계를 맺으려고 노력해 보세요. 가족, 친구, 교사와 같은 사람들에게서 얻는 사회적 지지는 스트레스를 누그러뜨려 주고, 게임에 과도하게 의존하지 않도록 도와줍니다.

삶에 대한 만족감을 높이는 것도 중요해요. 그러기 위해서는 게임 말고도 여러 가지에 관심을 가져 보세요. 운동, 그림, 음악, 영화, 수다, 만들기 등 즐겁게 할 수 있는 일은 많습니다. 여러 가지 건강하고 재미있는 활동을 직접 경험해 보고, 나에게 잘 맞는 것이 무엇인지 천천히 살펴보는 시간을 가져야 합니다. 다양한 관심사를 갖고 건강한 일상을 유지하면 삶의 만족도가 자연스럽게 높아집니다.

혹시 혼자 감당하기 힘들다면 어른에게 도움을 요청하세요. 부모님과 진지하게 대화하거나 학교 상담실을 찾아가 보는 것이 좋습니다. 주변에 게임에 지나치게 빠진 친구가 있다면, 함께 다른 활동을 해 보자고 제안해 보세요. 친구들과 새로운 취미를 함께 만들어 가는 것도 좋습니다. 이렇게 문제를 인정하고 변화하려는 의지를 가지면 게임보다 더 소중하고 의미 있는 일들을 찾게 될 것입니다.

게임 중독 예방을 위한 슬기로운 습관 5가지

① 게임 시간 스스로 정하기

스스로 규칙을 정하고 지키는 습관을 통해 자율성과 통제력을 키울 수 있다.

▶ 어떻게 실천할까?

- 하루 중 게임하는 시간을 미리 정해 놓고 알람을 설정한다.

  예시 "학교 끝나고 숙제 다 하면 1시간만 게임해야지."

- 게임 타이머 앱을 사용하거나 가족에게 시간 확인을 부탁한다.

TIP • 게임 시작 알람과 종료 알람을 따로 설정한다.

• 1시간 뒤에 내가 무엇을 할지 미리 정해 본다.

  예시 "게임 끝나고 간식 먹어야지." "산책해야지." "유튜브 봐야지."

• 평일과 주말은 게임 사용 시간을 다르게 설정한다.

② 게임 일기 쓰기

게임과 관련된 감정과 습관을 기록하며 자기 이해를 높이고 감정 조절 능력을 키울 수 있다.

▶ 어떻게 실천할까?

• 언제 어떤 기분으로 게임을 했는지 짧게 메모해 본다.

날짜	6월 1일
게임 이름	리그 오브 레전드
게임 시작	밤 8시
게임 종료	밤 10시
게임을 한 이유	엄마한테 혼나서
기분	짜증

• 내가 어떤 감정을 느낄 때 게임을 하게 되는지 알면 그 감정을 무조건 게임으로 해소하기보다 다른 방법을 떠올릴 여유도 조금씩 생긴다.

TIP • 기분을 짧게 한 단어만 써도 괜찮다.

예시 짜증, 지루함, 외로움

• 메모 대신 아이콘이나 그림으로 표시해도 좋다.

• 게임을 언제, 얼마나, 왜 했는지 일주일에 한 번쯤 게임 사용 패턴을 돌아본다.

③ 게임 외에 나만의 목표 만들기

내가 좋아하고 의미를 느낄 수 있는 활동을 찾아보며 삶의 균형을 지킬 수 있다.

▶ **어떻게 실천할까?**

- 게임만 하지 말고, 하고 싶었던 일이나 관심 있는 활동을 하나씩 정해 본다.

  예시 베이킹 배우기, 유튜브 영상 만들기, 운동하기, 간단한 코딩 배우기

- 꼭 거창한 목표가 아니어도 괜찮다. 작은 것부터 해 보며 게임 말고도 즐겁고 뿌듯한 일이 있다는 걸 느껴 보자.

  TIP • 게임 대신 할 수 있는 활동 리스트를 만들어 둔다.
  - 친구와 같이 하면 더 재미있고 꾸준히 하기 쉽다.
  - 작은 성과에도 스스로 칭찬하면서 자기 만족감을 높여 본다.

④ 감정을 말로 표현하는 연습하기

감정을 솔직하게 표현하는 연습을 통해 감정에 휘둘리지 않고 스스로 조절하는 능력을 키울 수 있다. 그러면 외로움이나 스트레스를 게임 말고 다른 방법으로도 풀 수 있게 된다.

▶ **어떻게 실천할까?**

- 기분이 좋거나 나쁠 때, 그 이유를 한 문장으로 표현해 보는 연습을 한다.

  예시 "지금 나는 ○○해서 ○○한 기분이야."
  "오늘 기분이 이상해. 좀 쓸쓸해."
  "오늘 친구한테 무시당해서 기분이 나빴어."
  "짜증 나서 게임 속 캐릭터를 때리고 싶었어."

• 하루 한 번, 내 기분을 친구나 가족에게 말해 본다.

> **예시** "오늘 좀 속상했어."

• 게임하고 싶은 순간이 오면, 왜 그런지 소리 내어 말해 본다.

> **예시** "오늘 하루 종일 스트레스 받아서 게임 생각이 나."

• 화가 나거나 속상한 일이 있으면, 마음속으로 삼키지 말고 혼잣말이라도 표현해 본다.

⑤ 사람과 함께하는 시간 늘리기

사람들과 어울리고 소통하는 시간은 정서적 안정감을 높이고, 게임에만 의존하는 습관을 줄여 준다.

▶ 어떻게 실천할까?

• 하루 중 가족이나 친구와 함께 보내는 시간을 조금이라도 만들어 본다.

> **예시** 식사 시간에 대화 나누기, 같이 산책하기, 보드게임 하기

• 온라인에서만 소통하기보다 직접 얼굴을 보고 이야기하는 시간을 늘려 본다.

• 사람들과 함께 웃고 이야기할 수 있는 자리를 스스로 만들어 본다.

> **예시** 친구에게 먼저 연락하기, 소소한 모임에 참여해 보기

TIP • 하루 10분이라도 사람과 얼굴 보고 대화하려고 노력한다.

• 혼자 밥 먹을 땐 부모님이나 친구에게 영상 통화를 건다.

• 게임을 시작하기 전에 "혹시 지금 누구랑 같이 할 수 있는 일이 있을까?" 하고 자신에게 한번 물어본다.

약물 중독
약물은
아무것도 해결해 주지 않아

1
약물은 잠깐 스트레스를 잊게 해 줄지 몰라도 결국 더 큰 문제를 일으킨다.

O | X

2
누군가 약물을 권할 때 적절히 거절할 방법을 미리 생각해 두어야 한다.

O | X

3
약물은 한 번만 사용해도 바로 중독된다.

O | X

4
스트레스를 풀거나 친구를 사귀는 일은 약물 없이도 충분히 건강하게 할 수 있다.

O | X

정답

❶ **O,** 기분이 잠깐 나아지는 것 같아도, 나중에는 건강과 삶에 나쁜 영향을 줄 수 있어.

❷ **O,** 미리 거절 연습을 해 두면, 당황하지 않고 내 뜻을 분명히 말할 수 있어.

❸ **X,** 하지만 처음 한 번의 경험이 위험 신호가 될 수 있고, 반복해서 사용할 가능성도 높아지니 조심해야 해.

❹ **O,** 취미 활동이나 운동, 대화 같은 건강한 방법들이 있으니 꼭 약물에 의존할 필요는 없어.

약물 중독, 얼마나 알고 있나?

⑤ 다들 효과가 있다고 하니 그 냥 한번 사용해 보는 건 괜 찮다고 생각한다.

O | X

⑥ 약물이 문제를 해결해 주거 나 불안을 없애 준다고 믿는 건 잘못된 생각이다.

O | X

⑦ 주변에 약물을 쓰는 사람이 있으면 나도 반드시 약물을 쓰게 될 것이다.

O | X

⑧ 약물을 사용해도 사고력과 판단력에는 문제가 없다.

O | X

정답

❺ **X,** 사람에 따라 큰 부작용이나 위험한 결과를 가져올 수도 있어.

❻ **O,** 약물은 잠깐 피하는 방법일 뿐, 문제를 진짜로 해결해 주지는 않아.

❼ **X,** 내 행동은 내가 주체적으로 결정해야 한다는 걸 잊지 마.

❽ **X,** 약물은 뇌의 신경 전달 기능을 망가뜨려 생각과 판단을 흐리게 해.

책상에 늘 고카페인 음료를 두고 마시는 학생이 있었습니다. 가끔 마시는 건 괜찮지만, 그 학생은 거의 매일 고카페인 음료를 마시는 것처럼 보였어요. 어느 날 "날마다 그렇게 마시는 거야?" 하고 물었더니, 하루에 2~3캔씩 마신다는 대답이 돌아왔습니다.

그 학생은 처음에 "안 마셔 봤어? 한번 마셔 봐. 이거 마시면 안 졸려" 하는 친구의 권유로 고카페인 음료를 마시게 됐다고 합니다. 그랬더니 신기하게도 정말로 졸음이 사라졌다네요. 그게 시작이었습니다. 처음에는 시험 기간에만 마셨습니다. 졸릴 때 마시면 정신이 또렷해지면서 공부가 잘되는 듯했습니다. 그러다 보니 시험 기간이 아니어도 종종 마시게 됐습니다. 마시지 않으면 불안해지기 시작했습니다. 그렇게 점점 고카페인 음료에 중독되면서 지금은 매일 몇 캔씩 마시게 되었습니다.

카페인 링거가 필요해

적지 않은 청소년이 다양한 카페인 음료를 자주 마십니

다. 2022년 질병관리청이 전국 800개교 중·고등학생 약 6만 명을 대상으로 진행한 〈청소년 건강 행태 조사〉에 따르면, 1주일에 3번 이상 카페인을 섭취한다고 응답한 학생이 22.3%에 달했습니다. 이 중 중학생은 16.6%, 고등학생은 28.4%로 고등학생의 비율이 더 높았습니다. 커피가 아니더라도 에너지 드링크, 초코·커피 우유, 녹차·홍차 등 다양한 음료에 카페인이 들어 있어서 비교적 이른 나이에 카페인을 접하게 됩니다. 특히 청소년들은 졸음을 쫓고 집중력을 높이기 위해 고카페인 음료도 많이 찾습니다.

그러나 고카페인 섭취는 집중력 향상에 큰 효과가 없습니다. 카페인의 각성 효과로 잠깐 집중력이 오르는 느낌을 받을 수 있지만, 되레 공부를 방해할 수 있어요. 카페인이 일시적으로 잠을 깨우는 효과는 있지만, 장기적으로는 수면 장애를 일으킬 수 있거든요. 사실 카페인은 졸음을 느끼게 하는 물질인 아데노신의 활동을 잠깐 동안 억제할 뿐입니다. 얼마 뒤 카페인의 각성 효과가 사라지면 그동안 쌓인 아데노신이 한꺼번에 분비되면서 오히려 더 큰 피로를 느끼게 되지요. 너무 피곤해서 아무것도 하기 싫어져요. 머리가 멍하고 축 처집니다. 이를 카페인 크래시 caffeine crash라고 한답니다. 그러면 정신을 차리기 위해 또다시 카페인을 찾게 되지요. 이런 악순환이 계속되면 밤에 잠을 제대로 자지 못하는 수면 장애가 생기고, 낮에는 심한 졸음에 시달리게 됩니다. 또한, 만성적인 수면 부족은 우울증 등 정신 건강에 문제를 일으킬 수 있습니다.

카페인은 어린이와 청소년에게 더 큰 부작용을 일으킬 수 있습니다. 나이가 어릴수록 카페인을 받아들이고 처리하는 능력이 성인보다 현저히 떨어지기 때문입니다. 그래서 밤에 잠이 안 오거나 심장이 두근거리는 등 부작용이 쉽게 나타날 수 있죠. 따라서 청소년의 카페인 권고량이 성인보다 더 적답니다. 식품의약품안전처에선 몸무게가 50㎏인 청소년을 기준으로, 하루에 카페인을 125㎎까지만 섭취하라고 권고합니다. 고카페인 음료100~200㎎를 한 잔만 마셔도 이 수치를 넘길 수 있습니다. 게다가 칼슘과 철분 흡수를 방해하는 카페인을 너무 많이 섭취하면 성장 발육이 제대로 이루어지지 못하니 주의해야 합니다.

한편 카페인은 체질에 따라 부작용을 일으킬 수 있어, 카페인 수용성이 떨어지는 사람에게는 꽤 위험할 수 있습니다. 예컨대 심장이 몹시 뛰는 증상이 나타날 수 있습니다.

제 아내는 카페인에 매우 예민한 사람이라 늘 디카페인 커피를 마십니다. 그런데 아내와 제가 녹차 아이스크림 한 통을 함께 먹은 날, 아내는 심장이 마구 뛰는 상태로 밤을 지새워야 했습니다. 마치 심장이 몸 밖으로 튀어나올 것 같은 격렬한 고통을 느꼈다고 합니다. 하지만 아이스크림 용기 겉면에는 카페인에 대한 주의 사항이 전혀 표시되어 있지 않았습니다. 카페인을 무심코 섭취하기보다는, 내 몸에 끼치는 영향에 대해 잘 알고 스스로 조절하며 주의해야 합니다.

치열한 경쟁이 카페인 중독을 부추깁니다. 경쟁에서 뒤처지지 않으려면 '카페인 링거'에 의지할 수밖에 없는 것처럼 느껴지죠. 예를 들어, 입시를 위해 잠과 싸우는 수험생은 카페인에 의존할 위험이 높아집니다. 앞에서 소개한 다큐멘터리 〈슈퍼맨 각성제〉를 기억하나요? 미국 대학생들이 성공을 위해 ADHD 치료제인 애더럴을 오남용하는 현실을 다룬 작품이었죠. 거기 나온 전문가들은 "애더럴의 오남용은 과열된 경쟁 사회의 결과"라고 지적합니다. 무슨 방법을 쓰더라도 정상에 오르는 것이 최우선 목표처럼 여겨지고 있는 현대 사회에서 고카페인 음료나 애더럴 같은 약물에 의존하는 사람들이 점점 늘어나고 있습니다.

유혹하는 마약

서울 강남구 대치동 학원가에서 벌어진 이른바 '마약 음료' 사건을 들어 봤나요? 2023년 4월 대치동 학원가에서 음료수 시음 행사라며 고등학생에게 마약이 든 음료를 권하는 사건이 벌어졌습니다. 그해 6월에는 마약을 한 10대가 비행 중인 여객기에서 비상문을 열겠다며 난동을 부려 구속되기도 했습니다.

우리나라 마약류 관리법에서는 마약류를 크게 마약, 향정신성 의약품, 대마 등으로 구분합니다. 마약은 양귀비, 아편, 코카 잎 같은 '천연 마약'과 여러 물질을 혼합한 '합성 마약'으로 나뉩니다. 향정신성 의약품은 의료 목적으로 개발됐으나 의존성과 중독성 등 심각한 부작용이 있는 의약품입니다. LSD, 필로폰, 졸피뎀, 프로포폴 등이 대표적입니다. 대마는 대마의 말린 잎이나 꽃, 대마 수지 대마초에서 채취한 끈적한 진액이 굳은 물질를 가공한 것입니다.

마약은 일상에 깊숙이 파고들고 있습니다. 2024년 6월 식약처가 발표한 〈하수역학 기반 불법 마약류 사용 행태〉 조사에 따르면, 전국 17개 시·도 하수 처리장 가운데 조사

대상인 34곳의 하수 처리장에서 필로폰메스암페타민 성분이 검출됐습니다. 2023년에는 마약 관련 범죄자의 수가 역대 최다인 2만 7,611명을 기록했는데, 이는 10년 전인 2013년에 비해 약 2.8배 증가한 수치입니다. 하지만 이 수치는 붙잡힌 사람 수에 불과합니다. 마약 범죄는 암수율暗數率, 즉 드러나지 않은 범죄 비율이 높습니다. 전문가들은 현재 우리나라에서 마약을 습관적으로 사용하는 사람이 50만 명 이상일 것으로 추정합니다.

마약을 하는 청소년도 크게 늘어나고 있습니다. 2021년 부산과 경남 지역에서 마약성 진통제 '펜타닐 패치'를 사용하거나 팔아넘긴 10대 42명이 붙잡힌 이래로, 매년 마약을 사용하는 10대들이 늘어나고 있습니다. 「마약류 범죄 백서」마약류 범죄의 현황과 동향을 종합 분석한 자료가 처음 발간된 2000년만 해도 전체 마약 관련 범죄자 중 10대가 차지하는 비중은 0.3%였으나, 2023년에는 5.4%로 늘었습니다. 23년 만에 무려 18배나 증가한 것입니다.

청소년들의 마약 사용이 증가한 이유는 마약을 구하기 쉬워진 환경 때문입니다. 청소년들에게 익숙한 메신저, SNS 등을 통해 마약에 쉽게 접근할 수 있고, 기술의 발전으로 거래가 쉬워진 것도 한몫했습니다. 예전에는 마약을 구하려면 직접 마약상을 만나야 했어요. 그 과정에서 경찰에 붙잡힐 위험이 컸지요. 그런데 지금은 거래 흔적이 남지 않는 암호 화폐를 사용하고, 메신저텔레그램 등와 다크웹누가 쓰는지 모르게 만든, 숨겨진 웹 공간 같은, 가입이 쉽고 익명성이 강한 플랫폼을 통한 마약 거래가 늘어나면서 마약 사용자의 연령대가 점점 낮아지고 있습니다. 10대 청소년과 20대 젊은이들 사이에 마약이 퍼진 결정적인 배경입니다.

'마약'이란 말이 일상에서 자주 쓰여 마약 범죄에 대한 경각심이 낮아진 것도 이유입니다. '마약 김밥' '마약 핫도그' '마약 떡볶이' '마약 옥수수' 등이 그 예입니다. 맛있어서 계속 찾게 된다는 뜻으로 '마약'이라는 말을 아무렇지 않게 썼죠. 일상에서 마약이란 단어를 쉽게 보고 들으면 마약을 가볍게 생각하게 되고, 마약에 대한 경각심이 약해질 수 있습니다. 식품의약품안전처가 2024년 4월 발표한 〈마약류 폐해 인식 실태 조사〉에 따르면, 마약 용어를 상업적으로 사용하는 것이 마약에 대해 친숙한 느낌을 주는지에 대한 질문에 청소년 48.6%, 성인 46.5%가 '그렇다'고 답했습니다. 이와 관련해 같은 해, '식품 등의 표시·광고에 관한 법률' 개

정안이 국회 본회의를 통과해 간판, 메뉴 이름, 식품 이름 등에 마약 관련 표현을 사용하지 못하게 되었습니다.

청소년들은 호기심에, 혹은 친구 따라 마약에 손을 뻗습니다. 공부를 잘하고 싶거나 살을 빼고 싶은 마음에 각성제나 식욕 억제제에 손대기도 합니다. 따돌림을 당하거나 가정불화로 괴로운 마음을 잊으려 마약에 취하기도 합니다. 그런데 청소년들의 마약 사용이 특히 걱정되는 이유는 중독의 위험뿐만 아니라 마약 살 돈을 마련하기 위해 마약 판매나 다른 범죄에 휘말릴 수 있기 때문입니다. 그러다 보면 성인이 되어서도 마약 관련 범죄를 이어 가게 될 가능성이 높습니다.

청소년들이 과거에는 술·담배·본드 등을 했다면 요즘엔 마약에 손을 대는 경우가 많아졌습니다. 충동적으로 행동하기 쉬운 청소년기에 마약이 일탈의 한 형태로 자리 잡은 거죠. 예전에는 청소년들이 미성년자에게 술과 담배를 파는 가게를 서로서로 알려 줬다면, 이제는 마약류 의약품을 쉽게 처방해 주는 병원을 공유하기도 합니다. 잘 모르는 사람이 정체를 알 수 없는 음료를 권한다거나 친구가 인터넷으로 구매한 약을 건넨다면 반드시 거절해야 합니다. 자신이 직접 처방받지 않은 약을 함부로 복용해선 안 됩니다.

공부 잘하는 약과 살 빠지는 약

앞서 말한 대치동 '마약 음료' 사건은 마약 성분이 든 음료를 ADHD 치료제인 것처럼 속여 학생들에게 마시게 한 범죄였습니다. 당시 서울 강남 지역에서는 일부 학생들이 시험 기간에 ADHD 치료제를 불법으로 구해 복용하는 경우가 있었습니다. 집중력을 높여 준다고 믿었기 때문이었지요. 범인들은 이러한 점을 노려 마약을 넣은 음료에 '메가 ADHD'라는 이름을 써 붙였어요. 또한 '기억력 상승' '집중력 강화' 등의 광고 문구를 붙여 간절히 성적을 올리고 싶어 하는 학생들을 자극했죠.

ADHD 치료제는 의사의 처방이 필요한 전문의약품입니다. 그런데 집중력 향상과 과잉 행동 완화 등의 효과 때문에 '공부 잘하는 약' '집중력 높여 주는 약'으로 잘못 알려져, 일부 학부모와 수험생 사이에서 인기를 끌고 있습니다. 일시적인 각성 효과만 보고 이 약이 집중력을 높여 준다고 믿는 겁니다.

그러나 ADHD 환자가 아닌 사람이 이 치료제를 복용하면 집중력이 높아지기는커녕 뇌를 지나치게 자극해 다양한 정신적·신체적 부작용을 일으킬 수 있습니다. 두통, 불안, 환각, 망상, 불면, 조증흥분 상태, 공격성 등 다양한 정신 질환을 불러오고, 심한 경우 자살 시도로 이어질 수도 있습니다. 또, 신경계에 이상 반응을 일으켜 운동·언어 장애, 안압 상승, 녹내장 등을 유발하기도 합니다. 따라서 의사의 처방 없이 함부로 사용하면 안 됩니다.

'공부 잘하는 약'만큼이나 청소년을 유혹하는 약이 '살 빠지는 약'입니다. 비만 치료제인 디에타민은 생김새가 나비 날개를 닮아 '나비약'으로 불립니다. 짧은 기간 안에 몸무게를 줄여 주는 효과가 있어 찾는 사람이 많지요. 그중 일부는 날씬함을 넘어 '뼈마름깡마름'이 되고 싶은 청소년들입니다. 이들은 비만이 아닌데도 살을 더 빼기 위해, 원래는 비만 환자에게만 단기간 소량 처방되는 이 약을 찾고 있습니다. 2022년, 경남 경찰청에서 나비약 불법 유통과 복용으로 검찰에 넘긴 59명 중 45명이 여성 청소년이었습니다.

흔히 생각하듯, 살 빠지는 약을 먹는다고 해서 저절로 지

방이 분해되는 건 아닙니다. 이런 약들은 주로 식욕을 억제하거나 공복감을 덜 느끼게 만들고, 몸에서 수분을 배출시켜 일시적으로 체중을 줄이는 방식으로 작용합니다. 우리가 섭취한 에너지영양분가 몸이 쓰는 에너지보다 많으면, 그남는 에너지가 지방으로 저장돼 몸에 쌓이게 됩니다. 이게 바로 살이 찌는 원리예요. 따라서 살을 빼려면 에너지 섭취를 줄이거나 에너지 소비를 늘려야 합니다. 비만 치료제 역시 이 원리에 따라 작용합니다. 에너지 섭취를 줄이는 약물에는 뇌에 작용해 식욕을 억제하는 약, 위장에서 지방 흡수를 막는 약 등이 있고, 반대로 체내 열 발생을 촉진해 에너지 소비를 늘리는 약물도 있답니다.

　문제는 남용입니다. 의사의 엄격한 진단에 따라 처방되어야 할 치료제가 무분별하게 사용될 때가 많다는 점입니다. 식품의약품안전처는 체질량 지수 30 이상인 고도 비만 환자에게만 식욕 억제제를 처방하도록 권고하고 있습니다. 그리고 10대에게 처방하는 것을 엄격히 제한하고 있어요. 그러나 실제로는 체질량 지수가 그보다 훨씬 낮은 사람도 약을 구할 수 있어 문제가 되고 있지요. 비만 클리닉에 방문하면 간단한 상담 후에 약을 처방받을 수 있고, 일부 의원에서는 체질량 지수 확인도 없이 처방해 주기도 합니다. 처방 전만 있으면 청소년도 손쉽게 약을 구할 수 있으니 큰 문제입니다.

비만 치료제를 무분별하게 사용하면 큰 부작용을 겪을 수 있습니다. 약의 종류와 개인의 체질에 따라 차이가 있지만 가벼운 우울감부터 피로, 불면증, 어지러움, 집중력 저하 등의 부작용이 나타날 수 있어요. 이는 비만 치료제가 교감 신경만 과도하게 자극하는 탓입니다. 우리 몸은 긴장을 유도하는 교감 신경과 이완을 돕는 부교감 신경이 서로 균형을 이루며 작동해야 건강한 상태를 유지할 수 있습니다. 그런데 교감 신경만 지나치게 활성화되면, 마치 카페인에 민감한 사람이 한 번에 커피 3~4잔을 마셨을 때처럼 몸이 예민해지고 불안해지는 과각성 상태가 나타날 수 있어요. 비만 치료제인 디에타민을 짧은 시간 동안에 과다 복용하거나 오랫동안 복용하면 환각, 공황 같은 심각한 부작용을 겪을 수 있고, 심하게 중독되면 사망에 이를 수도 있습니다. 그만큼 디에타민은 매우 위험한 약물로, 식품의약품안전처에서 '유해 약물'로 지정해 엄격히 관리하고 있습니다.

약물을 이용한 다이어트에는 분명한 한계가 있습니다. 여러 부작용 때문에 장기간 사용할 수 없거든요. 미국 식품의약국FDA에서 체중 감량을 위해 장기간 안전하게 쓸 수 있다고 승인한 약물은 하나도 없습니다. 세계보건기구 역시 "비만에 대한 정보가 아직 부족하기 때문에, 어떤 방법이나 약도 일상적으로 사용하는 것을 권장할 수 없다. 체중 조절약은 비만을 치료하는 약이 아니며, 복용을 중단하면 다시 체중이 증가할 수 있다"고 경고했습니다.

공부 잘하는 약, 살 빠지는 약……. 이런 약들을 함부로 사용하는 책임은 누구에게 있을까요? 당사자만 탓할 순 없습니다. 우리는 성적이 전부인 사회, 외모로 사람을 평가하고 재단하는 사회에 살고 있습니다. 치열한 입시 경쟁은 학생들을 공부 잘하는 약으로, 외모 지상주의는 살 빠지는 약으로 내몰고 있어요. '말라야 예쁘다'는 잘못된 생각이 퍼지면서 비만이 아닌 청소년들조차 다이어트에 매달리고 있습니다. 특히, 우리나라의 10대 여학생들은 다른 나라의 또래보다 외모를 더 중요하게 생각하는 편이에요. 실제 외모에 대한 인식 조사에서도, 우리나라의 10대 여학생들은 외모에 대한 만족도와 자신감이 매우 낮은 것으로 나타났습니다.

현대 사회에서 TV 방송, 웹툰, OTT, 인터넷 방송 등 다양한 미디어는 획일적인 아름다움의 기준을 제시합니다. 특히 연예인과 인플루언서들이 지나치게 마른 몸을 이상적인 미의 기준으로 내세우는 것이 문제입니다. 이러한 기준을 무비판적으로 받아들이면 자기 신체를 부정적으로 보게 되거든요. 이는 자존감을 떨어뜨릴 뿐만 아니라 심한 경우에 거식증이나 폭식증 같은 섭식 장애로 이어질 수 있습니다.

한 번 접했다고 중독되는 건 아니야

코카콜라라는 이름에서 '코카'가 뭘까요? 바로 코카 잎에서 추출한 마약, 코카인을 뜻합니다. 놀랍게도 1929년 이전에 생산된 코카콜라에는 코카인이 들어 있었습니다. 1886년에 미국에서 만들어진 코카콜라는 처음에 모르핀 중독자 치료를 목적으로 개발된 약품이었습니다. 지금처럼 누구나 마시는 음료수가 아니었어요. 코카인은 정신을 또렷하게 해 주는 효과각성 효과 때문에, 당시 의학계에서는 병을 치료할 수 있는 새로운 약으로 기대했어요. 예를 들어, 정신

분석학의 창시자 프로이트는 아편에 중독된 친구에게 치료를 위해 코카인을 권했지요.

마약의 '마'는 무슨 뜻일까요? 혹시 '악마'나 '마귀'라고 생각하나요? 그러니까 마약은 악마가 가져온 나쁜 약을 가리킬까요? 아닙니다. 사실, '마'는 '마귀 마魔'가 아니라 '마비될 마痲'입니다. 마약은 '악마의 약'이 아니라 '마비시키는 약'이라는 뜻입니다. 또한, 마약은 영어로 '드러그Drug', 즉, 약입니다. 본래는 치료 목적으로 사용하는 약물이죠. 예를 들어, 마약성 진통제인 모르핀은 일반 진통제인 아스피린보다 무려 300배나 강한 진통 효과를 가지고 있어요. 그런데 최근에 개발된 펜타닐은 모르핀보다도 100배 더 강해서, 아스피린과 비교하면 무려 3만 배나 강한 진통제인 셈입니다.

사람들은 스트레스를 해소하거나 현실을 잊기 위해 불법적으로 마약에 손을 대는 경우가 많습니다. 몸이 아프거나 마음이 힘들어서 마약을 하기도 하고, 호기심에, 잠을 자려고, 또는 친구들과 어울리려고 마약을 하기도 합니다. 어떤 이들은 마약이 가까이에 있기 때문에 시작하기도 하죠. 의료인들이 대표적입니다. 마약의 중독성을 누구보다 잘 알지만 일반인보다 마약에 더 쉽게 빠집니다. 실제로 국립과학수사연구원이 2000년부터 2011년까지 프로포폴^{마취 및 수}면 유도제 관련 사망자 36명을 조사한 결과, 그중 16명이 의료 행위 중 사망한 '사고사'로 분류되었습니다. 특히 수면 내시경 중 무호흡 같은 부작용으로 사망한 사례가 8명 있었습니다. 나머지 20명은 자살 또는 원인 미상 사례로, 이 중 15명이 의료 기관 종사자였습니다. 구체적으로는 의사 4명, 간호사와 간호조무사 9명, 병원 관계자 2명 등이었습니다.

그렇다면 우리가 흔히 마약을 한다고 생각하는 사람은 누구일까요? 뉴스에서 주로 접하는 사람은 대개 연예인이나 재벌 2세입니다. 그래서 사람들은 이들이 주로 마약을 사용한다고 생각하지만 실제로는 그렇지 않습니다. 대검찰청의 「마약류 범죄 백서」(2022)에 따르면, 마약 사범 마약을 사용하거나 유통한 범죄자은 대부분 직업이 없는 무직자나 농업인이었습니다. 2022년 기준으로 마약 사범 1만 8,395명 가운데 무직자가 31.5%입니다. 연예계 종사자 예술가 포함는 고작 0.4%에 지나지 않습니다. 실제로는 가난한 사람이 마약을 더 많이 하는 것을 알 수 있습니다.

마약을 비롯한 모든 중독은 가난하거나 소외된 사람, 실패를 겪은 사람, 절망에 빠진 사람에게서 더 많이 나타납니다. 즉, 중독이 단순히 개인의 잘못된 선택이나 도덕적인 문제 때문만은 아니라는 것을 알 수 있어요. 그래서 중독 문제를 이야기할 때는 개인만의 책임으로 보지 말고, 그 사람이 처한 사회적·경제적 환경도 함께 살펴봐야 합니다.

이제 해결책을 살펴보겠습니다. 카페인 부작용을 겪고 있다면 카페인 음료를 그만 마셔야 합니다. 한 번에 끊는 게 좋지만, 그게 어렵다면 단계적으로 줄여야 합니다. 중독성 물질은 눈앞에 있으면 참기 어렵습니다. 따라서 커피에 중독되었다면 집에 커피를 두면 안 됩니다. 커피 머신이 있다면 당장 치우고, 카페인 음료를 대량 구매해서 집에 쟁여 두고 마셨다면 당장 처분하세요. 카페인 음료 대신 다른 음료를 마시도록 합시다. 보리차, 허브차카모마일, 루이보스 등 같은 음료에는 카페인이 전혀 없습니다. 카페인 음료를 끊었더니 금단 증상이 나타나 힘들다면 운동을 해 보세요. 운동은 금단 증상 완화뿐 아니라 정신을 맑게 하고 집중력을 회복하는 데 큰 도움이 되거든요. 격렬한 운동을 하고 나면 기분을 좋게 해 주는 호르몬인 엔도르핀이 분비되면서 몸에 활력도 생깁니다.

마약을 접했거나 중독이 의심된다면 한국마약퇴치운동본부 Tel.1899-0893 에 연락해 도움을 받으세요. 이곳은 식품의약품안전처 지원으로 24시간 전화 상담을 제공합니다. 마약류를 사용한 청소년을 위해 전문 상담사가 직접 찾아와 상담해 주기도 합니다. 또한 장기 기숙형 치유 기관인 국립중앙청소년디딤센터 www.nyhc.or.kr 도 치유 프로그램을 약물 문제 청소년까지 확대할 계획입니다. 만약 입원이 필요할 정도의 중독 상태라면, 관할 시·도 담당 부서 보건정책과, 보건위생과, 보건의료정책과, 마약정책과, 건강정책과 등 에 신청해 입원 치료를 받을 수도 있어요. 마약 중독은 개인의 의지만으로 극복하기 어려운 심각한 문제이기 때문에, 전문가의 도움을 반드시 받아야 합니다.

마약을 한 번 접했다고 무조건 중독되는 건 아닙니다. 큰 호수에 돌을 던지면 물결이 일어나 출렁거리지만 호수 전체가 출렁이는 건 아니죠. 호수의 한쪽 구석에 잠깐 물결이 일었다가 이내 본래의 잔잔한 모습으로 돌아가죠. 마약도 마찬가지예요. 마약을 한 번 접했다고 중독자가 되지는 않습니다. 어쩌면 약 자체가 문제가 아니라 그 사람이 처한 힘든 상황이 문제일 수도 있어요. 먼저 그 상황을 극복하는 것이 중독에서 벗어나는 길입니다.

  중독은 선도 아니고 악도 아닙니다. 일종의 질병입니다. 스스로 치료하기 어려운 심각한 질병이죠. 따라서 전문가의 도움을 받아야 합니다. 감기에 걸리면 금방 낫지만, 중독은 한번 빠지면 헤어 나오기 매우 어렵습니다. 마약을 사용하는 것도 마찬가지입니다. 법적 처벌을 받긴 하지만 그 행위 자체가 악은 아닙니다. 물론 개인이 마약을 사용하는 것과 마약을 유통하고 판매하는 것은 분명히 구분해야 합니다. 전자는 치료가 필요한 질병의 문제이지만, 후자는 다른 사람에게 해를 끼치는 범죄이자 명백한 '악'입니다.

나만의 약물 중독 매뉴얼 만들기

① 약물의 유혹을 느끼게 되는 순간 적기

커피·에너지 음료 같은 카페인부터 ADHD 치료제, 마약까지 약물의 유혹은 다양한 모습으로 다가온다. 언제 그런 순간이 올 수 있는지 미리적어 보고 대안을 생각해 보자.

예시

유혹이 찾아오는 순간	그때 내가 선택할 대안
밤샘 공부할 때	가벼운 스트레칭 후 10분 휴식
성적이 떨어져 상심했을 때	좋아하는 음악 듣기, 짧은 산책하기
친구가 약물을 권할 때	가볍게 거절하고 다른 활동 제안하기
하루 종일 졸릴 때	시원한 물 마시기, 가벼운 체조하기
긴장될 때	깊게 숨 쉬기, 음악 듣기

② 중독으로부터 나를 지켜 줄 안전망은?

내가 중독될 위험에 처해 있거나 이미 중독되었다고 느낄 때 도움을 청할 사람과 기관 등을 미리 적어 두면, 위기의 순간에 큰 힘이 된다.

아래 빈칸에 도움을 청할 기관이나 가족·친구 등의 이름과 연락처를 적어 보자.

상담센터 : 청소년 상담 1388
─────────────────────────────────
부모님 :
─────────────────────────────────
친구 :
─────────────────────────────────

③ 나와의 약속 카드 작성하기

이 카드는 나 자신과의 중요한 약속이다. 빈칸을 채우고, 어려움이나 유혹이 다가올 때 잠시 멈추고 이 카드를 꺼내 읽어 보자.

나와의 약속 카드

나는 힘들 때 _____ 대신
_____ 를 선택하겠다.
나는 _____ 에게 도움을 청하겠다.
나는 어떤 유혹에도 내 몸과 마음을 지키겠다.

서명 _____
날짜 _____

유혹이 다가올 때
이 카드를 꺼내 보자!

음식 중독

단짠단짠 음식의 끝없는 유혹

음식 중독 진단을 위한 셀프 체크

나에게 해당하는 항목에 체크하세요.

(5개 이상이면 위험, 3개 이상이면 주의 필요)

☐ 배가 부른데도 음식을 계속 먹은 적이 있다.

☐ 음식을 줄이려고 해 봤지만, 실패하거나 그 자체가 스트레스가 되었다.

☐ 계획보다 더 많이 먹고 나서 후회한 적이 있다.

☐ 음식을 줄이거나 끊으려 하면 불안, 짜증, 우울감 같은 감정 변화가 나타난다.

☐ 불안하거나 스트레스를 받을 때 음식을 찾게 된다.

☐ 과식한 뒤 피로감, 무기력감 때문에 일상생활에 영향을 받은 적이 있다.

☐ 건강에 해롭다는 걸 알면서도 특정 음식을 계속 먹는다.

☐ 특정 음식에 대한 강한 충동이나 갈망을 느낀 적이 있다.

☐ 음식 섭취로 인해 학교, 직장, 인간관계 등 일상생활에 문제가 생긴 적이 있다.

출처 : Yale Food Addiction Scale YFAS 평가 문항 참고

한 학생이 주말에 단식원에 들어간다며 학원 수업을 빠지겠다고 합니다. 고3이라 어느 때보다 중요한 시기인데 단식원이라니…… 솔직히 이해가 안 됐습니다. 올해 그 학생이 부쩍 살이 찌긴 했습니다. 하지만 고3 때 살이 찌는 건 드문 일도 아니라서요. 걱정돼서 학생을 불러다 물었습니다. "입시 때문에 스트레스가 심하지? 혹시 먹는 걸로 스트레스를 푸는 거야?" "이게 다 탕후루 때문이에요." "탕후루?" "네, 탕후루요!"

피자나 떡볶이, 패스트푸드 때문에 살이 쪘다는 얘기는 들어 봤어도, 탕후루 때문에 살이 쪘다는 얘기는 처음입니다. 하긴, 요 근래 탕후루 열풍이 불긴 했네요. 그 학생은 거의 매일 탕후루를 먹었다고 합니다. 학교와 집, 학원을 오가는 길에 사 먹기도 하고, 집에서 직접 만들어 먹기도 하고요. 마음이 허전할 때면 탕후루를 먹고 또 먹었다고 합니다.

음식에도 중독된다고?

'마라탕후루'는 마라탕과 탕후루를 합친 말로, 최근 젊은

이들 사이에서 인기를 끄는 식사 메뉴와 디저트를 일컫습니다. 밥 먹고 입가심으로 탕후루를 먹는다는 의미의 '식후탕'이란 신조어도 생겨났습니다. 탕후루를 비롯해 약과, 도넛 등의 계속되는 유행은 가히 중독적이라 할 수 있어요.

설탕이 뇌를 자극하는 데는 1초도 걸리지 않습니다. 끊기 어렵다고 하는 담배도 뇌에 도달하기까지 10초가 걸리는데 말입니다. 담배를 입에 물고 한 모금 빨아들이면 10초 후에 니코틴이 뇌까지 전달됩니다. 그런데 혀에 닿은 설탕은 미뢰를 통해 0.6초 만에 뇌를 자극합니다. 담배보다 20배 빠른 속도입니다. 음식은 혀로 맛을 느끼는 순간 그 자극이 곧바로 뇌에 전달되기 때문에, 술이나 담배처럼 몸속에서 흡수되는 과정을 거쳐야 하는 기호 식품보다 더 빠르게 뇌를 자극할 수 있어요.

음식을 많이 먹는다고 해서 바로 음식 중독으로 진단하진 않습니다. 이는 술을 많이 마신다고 해서 곧바로 알코올 중독으로 진단하지 않는 것과 같습니다. 음식 중독에는 눈여겨봐야 할 중요한 특징이 있습니다. 바로 집착과 내성입니다. 배가 터질 만큼 먹는다든가, 배가 부른데도 계속 먹는다든가, 그만 먹어야겠다고 생각해도 절제가 안 된다면 음식에 대한 집착이 중독 수준에 이르렀다는 신호입니다. 또한, 설탕이나 지방에 중독되면 같은 양을 먹어도 도파민 분비가 줄어드는 '내성'이 생깁니다. 결국 도파민 분비를 높이기 위해 더 많은 음식을 찾는 심한 중독 단계에 이릅니다.

음식에 대한 집착과 갈망이 심해지면 정상적인 사회생활이 어려워질 수 있죠. 학업이나 직장 생활 등에 어려움을 겪을 수 있습니다. 예를 들어, 중요한 미팅 중에도 특정 음식이 떠오르면 당장 먹고 싶은 욕구가 치밀어 일에 집중하지 못합니다. 일본 드라마 〈고독한 미식가〉의 주인공, 고로는 배가 고프면 하던 일을 멈추고 음식점을 찾아 헤맵니다. 욕구를 참지 못하는 것이죠. 아무리 중대한 일도, 중요한 미팅도 그에겐 아무 소용없습니다. 음식 중독은 거기서 더 나아가 먹고 싶은 욕구를 스스로 조절하기 어렵고, 아무리 배불리 먹어도 만족되지 않는 상태를 말합니다.

어떤 음식이 우리를 중독시킬까?

생각만으로도 마음이 편안해지는 음식을 '위로 음식'이

라고 부릅니다. 2020년에 '나를 위로하는 음식은 무엇인가요?'라고 묻는 온라인 설문 조사가 있었습니다. 1위는 떡볶이, 2위는 치킨이었습니다. 미국인은 피자, 초콜릿, 아이스크림 등을 위로 음식으로 꼽습니다. 스트레스를 받을 때 먹으면 기분이 좋아진다는 위로 음식은 보통 고당도, 고열량, 고지방 음식인 경우가 많습니다. 탕후루·케이크·아이스크림 같은 당분이 많은 디저트와, 탄산음료·주스 같은 액상 과당 음료, 빵·도넛 같은 고열량 밀가루 음식, 피자·치킨·햄버거·감자튀김 같은 고지방 음식 등입니다.

눈치채셨나요? 대부분이 가공식품입니다. 보통 샐러드나 과일과 같은 자연식품을 먹을 때는 배부르면 그만 먹지만 튀김, 콜라, 햄버거, 아이스크림 같은 초가공식품을 먹을 때는 어떤가요? 쉽게 절제가 안 돼서 과식하게 됩니다. 이런 음식들에는 보통 탄수화물과 지방이 많이 들어 있어서, 먹으면 뇌를 자극해 기분을 좋게 만들어 줍니다. 자꾸 먹고 싶어지고 중독성이 생기기 쉽지요.

모든 음식이 중독성이 있는 건 아닙니다. 지방이나 탄수화물을 많이 포함한 식품일수록 중독성이 강합니다. 그런데 자연 그대로의 식품이나 냉동 채소, 건조 과일 등 최소

한으로 가공한 식품은 지방이나 탄수화물이 풍부하게 들어 있어도 음식 중독을 일으키지 않습니다. 그 이유는 지방과 탄수화물이 결합된 음식이 아니기 때문입니다. 예를 들어, 자연식품인 연어와 사과는 지방과 탄수화물의 비율이 각각 1:0, 0:1입니다. 지방이 들어 있으면 탄수화물이 없거나 탄수화물이 들어 있으면 지방이 없는 식이죠. 이런 원재료 식품 또는 자연식품에 중독되는 경우는 드뭅니다. 과일이나 샐러드를 비롯해 상대적으로 덜 가공된 음식은 양껏 먹으면 배가 부르고, 먹는 양을 스스로 조절할 수 있지요.

원래 자연식품에는 지방과 탄수화물, 혹은 지방과 당분이 함께 들어 있는 경우가 드물어요. 그런데 식품 회사에서는 지방, 설탕, 소금 같은 첨가물을 섞어서 사람들이 좋아하는 맛을 만들어 내지요. 이렇게 만들어진 초가공식품은 건강한 먹거리가 아닙니다. 하지만 이런 음식들은 구하기 쉽고 별다른 조리 없이 바로 먹을 수 있어 편리하기 때문에 소비자들이 많이 찾는답니다.

설탕과 지방은 따로 먹을 때보다 함께 먹을 때 뇌를 훨씬 더 자극합니다. 설탕과 지방이 각각 다른 경로로 뇌를 자극해 더 강한 보상을 주기 때문입니다. 여기에 소금까지 더

해지면 자극은 더욱 커집니다. 식품 회사들은 바로 이 점을 이용합니다. 가공 과정에서 설탕, 지방, 소금의 비율을 조절해 우리 뇌가 최대한 강한 쾌감을 느끼도록 합니다. 우리 뇌에서 행복감을 느끼게 하는 도파민이 많이 나오도록 의도적으로 자극적인 맛을 만드는 겁니다. 이것이 우리가 달고 기름지고 짭짤한 초가공식품을 자꾸 찾는 이유입니다.

식품 회사들은 이러한 뇌의 작동 방식을 이용해 소비자가 자기네 제품에 중독되도록 계획합니다. 음식 중독 문제를 다룬 마이클 모스의 저서 『음식 중독Hooked』의 부제는 '음식, 자유 의지, 그리고 식품 대기업이 우리의 중독을 악용하는 방법'입니다. 이 책의 요지는 식품 대기업들이 음식에 쉽게 중독되는 인간의 특성을 이용해 소비자의 자유 의지를 빼앗는다는 것입니다. 실제로 어느 나라에서나 외식, 가공식품, 패스트푸드 등이 널리 퍼지면 음식에 중독되는 사람이 늘어나면서 비만 인구가 빠르게 증가하는 경향을 보입니다.

진짜 문제는 개인보다 사회

우리를 둘러싼 환경은 과식을 부추깁니다. 주변에 널린 먹거리, 빠르고 간편하게 먹을 수 있는 음식, SNS를 뒤덮은 맛집 정보, 끊임없이 손짓하는 음식 광고, 지능적인 식품 마케팅 등은 우리의 식욕을 자극합니다. 이런 요인들이 자극적인 음식 자체만큼이나 중독에 강력한 영향력을 미칩니다. 음식 중독이 생기는 결정적인 요인은 두 가지입니다.

첫째, 음식의 접근성이 높아졌습니다. 어디를 가나 우리를 유혹하는 맛있는 음식이 넘쳐 납니다. 과거와 달리 손만 뻗으면 음식을 손쉽게 구할 수 있습니다. 24시간 편의점이나 마트에는 언제든지 "날 데려가세요" 하고 손짓하는 온갖 음식들이 가득합니다. '편세권'이라는 말도 생겨났습니다. 집에서 걸어갈 수 있는 가까운 거리에 편의점이 있다는 뜻입니다. MZ 세대들이 집을 구할 때 중요한 조건 중 하나로 꼽기도 하지요.

굳이 집 밖으로 나가지 않아도 음식을 구할 수 있습니다. 원하는 음식을 집에서 손쉽게 배달시켜 먹을 수 있지요. 예전에는 중국집에서만 배달을 했습니다. 하지만 요즘은 배달

앱을 통해 거의 모든 음식이 배달됩니다. 전문가들은 무엇인가에 중독되는 요인 중 하나가 접근성이라고 지적합니다. 스마트폰, 마약, 게임, 음식 할 것 없이 쉽게 접할수록 중독 위험성은 높아지기 마련입니다.

둘째, 미디어가 식품 소비를 부추깁니다. 유튜브, SNS, TV 등의 미디어를 통해 음식 광고나 맛집 정보를 자주 쉽게 접할 수 있는 환경은 음식 중독을 부채질하는 요인입니다. 2011년 한 인터넷 방송에서 시작된 먹방의 인기는 전 세계로 퍼졌습니다. 2021년, 옥스퍼드 영어 사전에 'mukbang'이라는 단어가 실렸을 정도입니다. 먹방은 '먹는 방송'의 줄임말로, 음식을 먹는 장면을 실시간으로 보여 주며 시청자들과 소통하는 방송이지요. 유튜브 알고리즘은 갈수록 더욱 자극적인 먹방을 추천합니다. 결국, 먹방을 보면 음식을 먹고 싶은 충동이 끊임없이 일어날 수밖에 없습니다.

먹방 진행자들은 직접 요리하지 않습니다. 먹방의 목적은 누군가 맛있게 먹는 모습을 통해 시청자에게 대리 만족을 주는 데 있기 때문입니다. 사람들이 자주 먹기에는 부담스러운 고열량·고지방 음식을 대신 먹어 주는 거죠. 그래서 먹방에 나오는 음식은 대체로 달고 짜고 기름진 고열량의 배달 음식인 경우가 많습니다.

문제는 이런 자극이 방아쇠 trigger, 트리거 역할을 한다는 점입니다. 배가 고프지 않아도 음식 광고를 보다가 야식을 주문한 경험이 다들 있을 거예요. 저녁을 이미 먹었어도 드라마에 라면 끓이는 장면이 나오면 덩달아 냄비에 물을 받습니다. 너무 배부를 때는 다음 날이라도 라면을 챙겨 먹습니다. 이상하지 않나요? 먹방을 보기만 해도 왜 먹고 싶어질까요? 바로 '보이는 음식의 함정' 때문입니다. 배가 고프지도 않고 그다지 먹을 생각이 없어도 눈앞에 음식이 보이면 식욕을 담당하는 뇌 부위가 자극됩니다. 음식 사진이나 영상만 봐도 침이 고이며 먹고 싶어지는 이유입니다.

자극적인 먹방 콘텐츠는 시청자의 과식을 부추깁니다. 연세대학교 예방의학과의 연구에 따르면, 먹방을 자주 시청하는 학생은 그렇지 않은 학생에 비해 패스트푸드를 먹을 가능성이 40~50% 정도 높았습니다. 당분이 많은 음료나 탄산음료를 마실 가능성도 40~50% 정도 높았고요. 이처럼 먹방을 보다 보면 몸에 필요한 영양을 이미 충분히 섭취했는데도 계속해서 음식을 먹게 됩니다.

질병관리청의 조사도 이를 뒷받침합니다. 2011년 우리나라 남성 청소년의 6.8%, 여성 청소년의 4.2%가 비만이었습니다. 그런데 10년이 지난 2021년에는 각각 17.5%, 9.1%로 남녀 모두 두 배 이상 늘어났죠. 비만율은 2010년대 초반부터 갑자기 오르기 시작했는데, 이때는 바로 스마트폰을 비롯한 스마트 기기가 대중화된 시기이기도 합니다.

음식 중독에서 벗어나기

현대인은 일상적으로 스트레스에 시달립니다. 스트레스를 푸는 방법은 사람마다 다릅니다. 어떤 이들은 음식으로 스트레스를 풉니다. 먹고 싶은 음식을 실컷 주문해 배가 불러 터질 것처럼 먹고 나면 스트레스가 해소되는 느낌을 받습니다. 하지만 이는 일시적인 효과에 불과하며 건강에도 해롭습니다. 과식이나 폭식을 습관적으로 반복하면 음식 의존성이 생길 위험이 있기 때문입니다.

외롭거나 힘들 때 음식으로 자신을 위로하다가 음식 중독에 빠지는 경우도 많습니다. 하지만 배를 채운다고 마음이 채워지진 않습니다. 허전한 마음부터 채워야 합니다. 화나고, 외롭고, 불안하고, 헛헛한 마음을 어떻게 달래야 할까요? 먼저, 그런 감정이 생긴 원인을 찾아야 합니다. 자신의 문제나 감정을 글로 차근차근 써 보면 도움이 됩니다. 마음을 글로 정리하는 과정에서 자신의 상황을 조금 더 객관적으로 바라볼 수 있기 때문입니다.

예컨대 불쑥 화가 치밀 때가 있죠. 그 순간엔 분명 누군가 나를 화나게 했거나 상황 자체가 문제인 것처럼 보입니다. 그런데 정말 그럴까요? 비슷한 상황에서 모두가 똑같이 화를 내는 건 아닙니다. 다른 사람들이 아무렇지 않게 넘기는 일을 유독 나만 민감하게 받아들인다면, 과거에 비슷한 경험을 여러 번 했기 때문일 수 있습니다. 그때마다 쌓인 감정이 마음속에 남아 있다가 비슷한 자극을 받을 때 한꺼번에 터져 나오는 것이죠.

부정적 감정은 나와 너무 엉켜 있어서 떼어 놓고 바라보기가 참 어렵습니다. 이럴 때 분노, 슬픔, 괴로움 같은 감정을 글로 적어 보면 흐릿했던 감정을 조금 더 선명하게 볼 수 있습니다. 또한, 글로 표현하는 과정에서 마음의 여유가 생기고, 감정과 나 사이에 적당한 거리를 확보할 수 있습니다.

마음속에 꼭꼭 감추고 있을 때는 막연하고 모호했던 감정도 언어로 표현하면 훨씬 다루기 쉬워집니다. 답답하거나 괴로울 때 누군가에게 이야기하거나 벽에 대고 소리라도 지르면 속이 후련해지는 것처럼 글쓰기도 비슷한 해방감을 줍니다. '문학 치료' '치유적 글쓰기' 같은 활동이 바로 이런 효과를 활용한답니다. 멍들고 상처받아 흐트러진 감정을 글로 표현하며 나 자신을 어루만지고 다스릴 수 있습니다.

글쓰기 자체가 목적은 아닙니다. 글이 훌륭하지 않아도 됩니다. 중요한 것은 글을 쓰며 자기감정을 들여다보는 겁니다. 무엇 때문에 화나고, 허전하고, 불안하며, 우울한지 쭉 써 내려가 보세요. 그러다 보면 그 감정에서 조금은 벗어날 수 있고, 그 감정이 어디에서 비롯됐는지도 이해할 수 있습니다. 그런 과정을 통해 '나를 힘들게 한 문제가 꼭 내 탓만은 아니구나' '생각보다 심각한 일이 아니구나'라는 사실도 알게 됩니다. 감정에 휩쓸리지 않고 객관적으로 바라보는 힘이 생기면, 감정을 달래려고 음식을 찾는 일도 자연스레 줄어듭니다. 이런 점에서 식단 일기를 쓰며 하루 동안 먹은 음식을 돌아보는 것 역시 자기감정을 점검하고 조절하는 데 도움이 됩니다.

음식 중독에서 벗어나고 싶다면 다음 세 가지를 기억합시다.

첫째, 하루에 한 끼 이상은 초가공식품 대신 자연식품 위주로 식사를 합니다. 즉각적인 만족에 익숙해질수록 뇌는 더 빠르고 강렬한 자극을 갈망하게 됩니다. 설탕 중독이 위험한 이유도 이 때문입니다. 설탕을 과도하게 섭취할수록 같은 양을 먹었을 때 느낄 수 있는 쾌감이 점차 줄어듭니다. 따라서 점점 더 많은 설탕을 찾게 되지요. 이러한 문제를 피하려면 정제 설탕, 탄수화물, 나트륨 등이 많이 들어간 인스턴트식품이나 즉석식품 대신 과일, 채소, 두부, 생선, 닭가슴살 등 식이 섬유와 단백질이 풍부한 음식을 먹는 것이 바람직합니다. 과일과 채소로 만든 스무디를 마시거나 아몬드 같은 건강한 견과류를 먹는 것도 좋습니다. 식사를 규칙적으로 하고 충분히 잘 자는 것도 음식에 대한 집착을 줄이는 데 도움을 줍니다.

둘째, 불안, 우울증, 스트레스 등 감정적으로 힘들 때 음식을 찾는 습관도 고쳐야 합니다. 음식 말고 다른 것으로 뇌의 보상 회로를 자극해야 합니다. 예를 들어, 친구와 함께 자전거를 타거나 배드민턴을 쳐 보세요. 운동 후에 느끼는 상쾌함은 음식이 주는 즐거움과는 또 다른 만족감을 줍니다. 새로운 것을 배우면서 얻는 재미, 도전 속에서 느끼는 성취감도 먹는 즐거움을 충분히 대신할 수 있습니다. 음식 대신 건강한 활동으로 헛헛한 마음을 채우다 보면, 뇌 안에 새로운 보상 회로가 자연스럽게 만들어져요.

마지막으로, 음식 중독이 심각하다면 전문가의 도움을 받아야 합니다. 먹는 행위를 스스로 조절하지 못하게 된 것은 단순히 의지가 부족해서가 아니라 뇌의 보상 회로가 망가졌기 때문입니다. 즉, 음식 중독은 질병입니다. 약물 중독이나 알코올 중독을 치료하듯이 음식 중독도 치료가 필요하지요. 게다가 음식 중독은 정신 건강 문제와 연관돼 있을 수 있습니다. 따라서 정신 건강 전문가와 상담하며 문제를 근본적으로 해결해야 합니다. 간단히 말해, 음식 중독을 극복하려면 식습관을 바꿔야 할 뿐만 아니라 전문가의 도움을 받아 정신적·정서적인 문제까지 함께 치료해야 합니다.

음식 중독을 예방하는 미니 활동지

① 오늘 내가 먹은 음식 기록하기

날마다 내가 먹은 음식을 기록해 보자.

예시 10월 5일 낮 12시에 배가 몹시 고파 학교 급식을 허겁지겁 먹었다. 친구와 먹었는데 기분은 그저 그랬다.

날짜	시각	배고픈 정도	먹은 음식	상황	기분
10월 5일	낮 12시	매우 배고픔	학교 급식	친구와 함께	보통
	저녁 6시	조금 배고픔	컵라면, 피자	혼자 TV 보며	지루함
	저녁 10시	별로 배고프지 않음	치킨	가족과 함께	좋음

내가 언제, 어떤 기분과 상황에서 음식을 먹는지 살펴보면, 감정에 따른 식습관을 조절하는 데 도움이 된다.

날짜	시각	배고픈 정도	먹은 음식	상황	기분

② 나를 위로하는 음식 써 보기

예시 스트레스를 받을 때 단짠단짠하고 쫄깃쫄깃한 떡볶이를 먹으면 기분이 조금 나아지는 것 같다.

음식	주로 찾게 되는 상황이나 기분
떡볶이	스트레스 받을 때, 화날 때
초콜릿	피곤할 때, 공부에 집중 안 될 때
치킨	밤 10시쯤 심심할 때

내가 좋아하는 위로 음식이 달고 짜거나 기름기가 많은 초가공식품이 아닌지 돌아보고, 건강한 식습관으로 천천히 바꿔 보면 좋다.

음식	주로 찾게 되는 상황이나 기분

③ 음식 생각이 날 때 도움이 되는 활동 5가지 쓰기

예시 좋아하는 노래를 듣거나, 대화를 나누거나, 가볍게 몸을 움직이다 보면 음식 생각을 잊게 된다.

1. 좋아하는 노래 듣고 따라 부르기

2. 방 정리거나 책상 정리하기

3. 친구에게 메시지를 보내거나 영상 통화 10분만 하기

4. 유튜브에서 재미있는 영상 딱 1편 보기

5. 간단히 스트레칭하면서 물 마시기

내가 좋아하는 활동에 몰입하면, 뇌의 보상 회로도 자연스럽게 바람직한 방향으로 바뀐다. 음식을 먹는 대신 산책이나 운동, 음악 감상, 친구와의 소통 같은 건강한 활동으로 채워 보자.

1.

2.

3.

4.

5.

중독에서 벗어나기

단호함이 필요해!

누구나 중독될 수 있지만, 모두가 중독되는 건 아니다

앞에서 살펴봤듯이, 사람이 중독되는 대상은 다양하지만 대개 '중독'이라고 하면 마약을 먼저 떠올립니다. 그중에서도 헤로인은 중독성이 매우 강한 마약으로 알려져 있죠. 헤로인을 반복해서 사용하면 어떻게 될까요? 몸은 점점 그것에 의존하게 됩니다. 만약 어떤 사람이 헤로인을 20일 동안 사용했다면, 21일째가 되었을 때 그 사람의 몸은 헤로인을 강렬하게 원할 겁니다. 헤로인이 뇌에 갈고리를 걸어 놓은 듯 깊이 자리 잡아서 벗어나기가 쉽지 않기 때문이죠. 이게 바로 중독입니다. 그런데 여기에 함정이 있습니다. 같은 질환을 앓더라도 각자 느끼는 고통이 다르듯이, 똑같은 중독 물질에 노출돼도 모두가 중독되지는 않는다는 것입니다. 동일한 중독 물질이라도 이를 접한 사람의 환경이나 상황에 따라 결과는 달라질 수 있습니다.

1970년대 베트남에 파병된 미군의 20%는 헤로인에 빠져 있었습니다. 전쟁의 참상을 잠깐이나마 잊으려면 헤로인만 한 것이 없었습니다. 당시 베트남에서 헤로인을 구하기 쉬웠던 점도 한몫했습니다. 그렇다면 전쟁 후 집으로 돌아온 군인들이 여전히 헤로인에 빠져 살았을까요? 아닙니다. 약물에 빠져 있던 군인의 약 95%가 자연스럽게 약물 사용을 멈췄습니다. 집에는 죽음의 공포도, 잊어야 할 참상도, 헤로인을 함께 즐길 전우도 없었기 때문입니다. 가족의 곁에서 안정감을 찾으면서 더는 헤로인을 찾지 않았습니다. 이처럼 환경은 중독의 발생과 회복에 큰 영향을 미칩니다.

이를 명확하게 보여 준 것이 바로 캐나다의 심리학자 브루스 알렉산더의 '쥐 공원 rat park' 실험입니다. 1980년에 그는 헤로인 중독에 관한 연구를 검토하던 중 '우리에 갇힌 쥐에게 모르핀 의학적으로 승인된 약물로, 헤로인과 기능적으로 거의 동일 희석액과 물을 따로 담아 주면, 쥐는 물은 마시지 않고 모르핀 희석액만 마시다가 결국 모르핀에 중독돼 죽는다'는 사실을 발견했습니다. 마약 중독자 치료소에서 인턴으로 일한 적이 있던 그는 '내가 본 사람들은 외롭고, 사회적 지원을 받지 못했기 때문에 중독자가 되었다. 그렇다면 쥐도 비좁은 우리에 갇혀서 불행했기 때문에 쉽게 마약에 중독된 건 아닐까?'라는 의문을 품었습니다.

브루스 알렉산더는 자기 생각을 증명하기 위해 '쥐 공원'

을 만듭니다. 쥐 공원은 쥐들의 낙원입니다. 다양한 먹거리가 있고 놀이 기구가 갖춰진 넓고 쾌적한 환경입니다. 함께 놀 수 있는 친구들이 있고 짝짓기도 마음껏 할 수 있습니다. 그곳에 모르핀 희석액이 담긴 물통과 물만 담긴 물통을 두었습니다. 그러자 앞선 연구와는 정반대의 결과가 나왔습니다. 쥐 공원에 사는 쥐들은 모르핀 희석액을 거의 마시지 않았습니다. 심지어 좁은 우리에 갇혀 있다가 쥐 공원으로 옮겨진 쥐들도 점차 모르핀 섭취를 줄이기 시작했습니다.

쾌적한 환경에서 생활하는 쥐들이 그렇지 않은 쥐들보다 약물에 중독될 가능성이 훨씬 낮았다는, 이른바 '쥐 공원' 실험은 중독과 관련해 중요한 깨달음을 줍니다. 만약 자신이 가고 싶지 않은 끔찍한 전쟁터에 던져져 언제 죽을지 모를 운명이라면, 고통스러운 시간을 견디기 위해 헤로인에 손댈 수도 있겠지요. 하지만 가족과 친구가 기다리는 행복한 집으로 돌아갔을 때는 더 이상 헤로인이 필요하지 않았어요. 이는 불행했던 비좁은 우리에서 벗어나, 친구와 놀이 기구가 있는 넓고 쾌적한 우리로 옮겨졌을 때 쥐들이 더 이상 마약을 선택하지 않았던 것과 같습니다.

불행을 치료해야 한다

즐거운 행위 → 지속적인 탐닉 → 중독

이것이 사람들이 흔히 이해하는 중독의 작동 방식입니다. 게임을 반복해서 즐기다 보면 점점 과도하게 몰입하게 되고, 결국 게임에 중독된다고 생각하죠. 하지만 즐거운 행위를 반복한다고 해서 모두가 중독되는 건 아닙니다. 게임을 자주 즐기면서도 중독되지 않고 잘 조절하는 사람도 많습니다. 이들은 게임을 할 때는 게임을 즐기지만, 친구나 가족과 시간을 보낼 때는 게임을 잊고 자연스럽게 다른 활동에 집중합니다. 그렇다면 그저 게임을 즐기는 사람과 게임에 중독된 사람의 차이는 무엇일까요? 그 차이는 중독이 시작되는 지점에 있습니다.

불행한 상황 → 즐거운 행위 → 지속적인 탐닉 → 중독

이처럼 실제 중독의 작동 방식에서 놓치기 쉬운 한 가지가 있습니다. 바로 '불행한 상황'입니다. 불행은 좌절, 갈등,

절망, 불안, 외로움, 트라우마 등 사람마다 다른 얼굴을 하고 있어요. 예를 들어, 아무리 열심히 공부해도 부모의 기대만큼 잘할 수 없다고 느끼는 청소년은 게임을 시작하면 금방 중독되죠. 게임에 집중하는 동안에는 절망감을 잠시나마 잊을 수 있으니까요. 결국 불행한 현실에서 벗어나기 위해 중독에 빠진다고 보면 됩니다.

스마트폰을 가지고 얘기해 보죠. 스마트폰은 이용자가 원할 때마다 뇌의 보상 회로를 자극할 수 있는 기기입니다. 사용할 때마다 도파민이 분비되어 기분이 좋아지기 때문이죠. 그렇다고 모두가 스마트폰에 빠져 사는 건 아닙니다. 삶이 충분히 즐거운 사람이라면 굳이 스마트폰에서 즐거움을 찾지 않겠죠. 가령 가족과 잘 지내고 좋은 친구가 곁에 있다면 중독 위험은 줄어듭니다. 게다가 하는 일이 즐겁고 좋아하는 취미 생활을 언제든 할 수 있다면, 심리적 안정과 만족감 덕분에 중독 위험은 더 낮아질 것입니다. 결국 삶이 즐겁고 행복할수록 스마트폰에 의존해 즐거움을 찾을 이유가 줄어드는 것입니다.

중독의 반대말을 흔히 '절제'라고 생각합니다. 그러나 중독의 반대말은 '관계'가 아닐까요? 주변 사람들과 관계가 좋을수록 중독 위험이 줄어드니까요. 하지만 어떤 사람들은 친구나 가족과의 관계 대신 멋진 집이나 돈, 자동차 같은 물질적인 것들을 선택하기도 합니다. 이처럼 물질에 집착하는 사람들이 많아진 사회에서는 외로움이 커지고, 결국 중독에 빠지는 사람들이 늘어날 수밖에 없지요.

정신적 충격을 받거나, 삶의 무게와 스트레스에 억눌려 다른 사람들과 교류가 어려워지고 고립될 때, 사람들은 위로를 받고자 무언가에 의존하게 됩니다. 바로 손쉽게 접할 수 있는 스마트폰, 게임, 마약, 음식, 술, 도박, 포르노 등이죠. 처음부터 중독이 되려고 그런 것에 빠지는 사람은 없습니다. 중독 물질이나 행위가 주는 잠시의 위로에 기대다가 어느 순간 중독되는 거죠.

중독을 극복하는 길은 가족, 친구, 이웃 등과의 관계를 회복하는 것일지 모릅니다. 인간은 본능적으로 서로 관계를 맺고 연결되려는 욕구를 지니고 있습니다. 이러한 욕구가 충족되지 못할 때, 우리는 그 빈자리를 채우기 위해 즐거움과 위안을 주는 대상을 찾게 됩니다. 그것이 술이나 마약 같은 물질일 수도 있고, 게임 같은 행위일 수도 있죠. 무언가에 기대고 몰입하여 마음의 안정을 얻으려는 것은 인간에게 자연스러운 일입니다. 따라서 중독이라는 해로운 안식처에서 벗어나려면 건강한 관계라는 안식처를 찾아야 합니다.

중독 문제는 금지와 통제로 해결할 수 없습니다. 더 나아가 개인 의지의 문제도 아닙니다. "의지가 부족해서 중독됐다" "참고 억제하면 중독을 끊을 수 있다"는 말은 중독을 오해하는 말입니다. 금지는 오히려 욕망을 더욱 자극할 뿐입니다. '하지 말라'고 하면 더 하고 싶어지는 게 인간의 본성입니다. 그러나 지금까지 우리 사회는 주로 금지와 처벌에 집중했습니다. 중독자의 회복을 돕기보다는 그들을 사회에서 내쫓고 멀리했습니다. 예를 들어, 약물 중독자를 도움이 아닌 처벌의 대상으로 보고 감옥에 가두기 바빴지요.

중독 문제를 해결하기 위해서는 중독자 개인을 넘어서 사회를 치료해야 합니다. 앞서 말했듯, 가난은 마약에 중독될 위험을 높입니다. 여러 연구에 따르면 가난과 마약은 서로 깊이 관련되어 있습니다. 보건복지부의 〈마약류 사용자 실태 조사〉(2021)에 따르면 마약 중독자 중 정규직은 30.9%에 불과했고, 대부분은 비정규직이거나 무직이었습니다. 응답자의 54.4%는 가족에게 경제적 도움을 받고 있었고, 절반 이상이 월 수입이 50만 원도 채 되지 않았습니다. 가난을 견디다 못해 마약을 시작하고, 마약에 중독된 탓에 더 가난해지는 악순환이 거듭됩니다. 불행해서 중독에 빠지고, 중독에 빠져서 더 불행해집니다.

가난은 스마트폰 중독 위험을 크게 높입니다. 가정 형편이 어려우면 다양하고 건강한 여가 활동을 즐길 여유가 없기 때문에 손쉽게 즐길 수 있는 스마트폰에 몰두하게 됩니다. 반면 금전적·시간적 여유가 있는 사람들은 여행, 취미, 스포츠 등 다양한 여가 활동을 즐기기 때문에 화면에만 집중하지 않습니다. 실제로 호텔, 풀펜션, 골프장과 같은 쾌적하고 안락한 오프라인 공간을 이용하려면 상당한 비용이 들기 때문에 가난한 사람들은 이런 공간을 이용하기 어렵습니다. 자연스럽게 온라인 공간에서 많은 시간을 보내게 되죠.

중독은 불행, 관계 단절, 가난과 불평등에서 비롯됩니다. 중독 문제를 해결하려면 먼저 이러한 근본 원인부터 바로잡아야 합니다. 이를 위해 사회 전체가 함께 노력해야 합니다.

중독에서 어떻게 벗어날까?

추우면 옷을 껴입고, 더우면 옷을 벗습니다. 왜 그럴까요? 춥거나 더운 게 싫기 때문이죠. 그렇다면 왜 우리는 춥거나 더운 걸 싫어할까요? 그런 극단적인 환경이 생명과 건강을 위협하기 때문입니다. 우리 몸은 일정한 상태로 유지하려는 항상성을 가지고 있습니다. 항상성을 유지하기 어려울 때 짜증이나 불쾌, 고통 등을 느끼지요. 반대로 항상성이 잘 유지되는 상태가 바로 행복일지도 모릅니다. 인간의 뇌 역시 항상성을 유지하려는 성질이 있습니다.

우리 뇌는 평소에 혈액 1데시리터0.1리터당 약 50나노그램의 도파민을 분비합니다. 50나노그램은 엄청나게 적은 양인데, 참고로 1나노그램은 1그램의 10억 분의 1입니다. 기분이 나쁜 날, 우울하고 침울한 날에 분비되는 도파민은 40나노그램입니다. 반대로 사랑 고백이 성공한 날, 원하는 대학에 합격한 날처럼 인생 최고의 순간에는 도파민이 약 100나노그램까지 분비됩니다. 그러니까 우리는 대략 40에서 100나노그램 사이의 도파민 속에서 살아갑니다.

마약은 도파민 분비를 수백, 심지어 1,000나노그램 이상

끌어올립니다. 마약의 하나인 메스암페타민이 체내에 들어가면 도파민이 1,000나노그램 이상 분비됩니다. 인생 최고의 날에 분비되는 도파민보다 10배가 넘는 수치입니다. 항상성을 유지하려는 뇌는 평소보다 지나치게 많은 도파민을 감지하고 '삐용-삐용!' 하고 경계경보를 울립니다. 그리고 쾌락 쪽으로 지나치게 기울어진 저울의 균형을 맞추기 위해 뇌는 고통을 느끼는 물질을 분비합니다. 그래서 쾌락 뒤에 심한 불안과 공허감, 우울감 등이 찾아오는 것입니다. 그러면 이런 고통을 피하려 다시 마약에 손을 댑니다. 그런데 시간이 지나면서 이상한 일이 생깁니다. 예전만큼 도파민이 분비되지 않는 것이죠. 한때는 같은 자극으로도 큰 쾌감을 느꼈지만, 이제는 기대한 만큼의 만족을 얻지 못합니다. 이것이 바로 내성입니다. 도파민 내성이 생기면 같은 양으로는 더 이상 만족할 수 없고, 결국 더 강한 자극, 즉 더 강한 마약을 찾게 됩니다. 그래서 중독은 행복을 추구하는 상태라기보다 고통을 피하려는 몸부림에 가깝습니다. 처음에는 즐거움을 좇아 시작했지만, 나중에는 괴로움을 피하기 위해 어쩔 수 없이 반복하게 되는 것이죠.

중독에서 벗어나는 방법은 하나입니다. 한 번에 딱 끊는 것입니다. 차츰 줄여 가는 방법은 실패하기 쉽습니다. 그러나 단번에 끊는 일이 쉽지는 않겠지요. 헤어 나올 길 없는 도파민 중독의 함정에서 벗어날 방법은 없을까요? 다음 세 가지를 기억하면 중독에서 벗어나는 첫걸음을 뗄 수 있어요.

첫째, 시간입니다. '작심삼일'이라는 말이 있습니다. 중독을 극복하려 할 때 누구나 겪는 문제입니다. 3일을 넘기기 어렵죠. 중독된 대상을 끊으면 불안, 우울, 초조, 공허감 같은 다양한 부정적인 감정이 밀려옵니다. 이를 금단 증상이라 하죠. 항상성을 유지하려는 뇌의 시스템 때문이라고 앞에서 설명했습니다. 하는 수 없습니다. 나쁜 기분이 파도처럼 자신을 덮치도록 내버려 두는 수밖에요. 시간이 지나면 이 고통은 점점 잦아들어 중독의 굴레에서 벗어날 수 있습니다.

도파민에 한번 중독된 뇌라도 일정 기간 자극을 멀리하면 본래의 보상 회로를 회복할 수 있다고 합니다. 미국 국립약물남용연구소 소장인 노라 볼코우 교수가 시행한 연구에 따르면, 중독자가 중독 물질이나 행위를 끊고 4주가 되었을 때 도파민의 분비 수준을 측정해 보았더니 보상 회로가 정상 수준으로 돌아왔다고 합니다. 물론 4주만으로 완전히 중독에서 벗어날 수는 없습니다. 중독 행위를 끊고 좋은 습관이 자리 잡으려면 90일, 약 3개월이 필요합니다. 하지만 어쨌든 처음 4주만 참으면 중독에서 벗어나는 길이 열린다고 볼 수 있습니다.

둘째, 공간입니다. 중독을 불러일으키는 장소를 피해야 합니다. 금연 중인 사람도 과거에 흡연을 자주 했던 장소에 가면 다시 담배를 피우고 싶어진답니다. 여러 연구를 통해 확인된 사실입니다. 직장에서 흡연하던 사람이 퇴사 후 금연에 성공했습니다. 그러나 시간이 지나 같은 직장으로 돌아가면 다시 담배를 피우는 경우가 많았다고 합니다. 공간이 중독 기억을 되살린 것입니다. 그래서 중독에 빠졌던 장소는 가능한 한 멀리하는 것이 좋습니다.

셋째, 습관입니다. 중독 대상을 건강한 취미로 대체하는 습관을 들이면 중독에 다시 빠지지 않을 수 있습니다. 그중 가장 효과적인 것이 운동입니다. 운동을 하면 도파민을 비롯해 기분을 좋게 하는 호르몬이 많이 분비됩니다. 특히 고강도 운동이 효과적입니다. 숨이 차고 땀이 흐를 정도로 몸을 움직이면 뇌는 자연스럽게 쾌락을 느끼고, 중독 물질에

대한 의존도 점차 줄어듭니다.

이 과정에서 덜 강한 자극에도 즐거움을 느끼는 감각을 되찾는 것이 핵심입니다. 이를 통해 중독되기 전의 건강한 일상으로 돌아갈 수 있고, 적당한 자극으로도 만족과 소소한 행복을 느끼는 삶을 회복할 수 있지요. 그렇게 되면 중독을 완전히 극복할 뿐 아니라 삶의 만족도도 크게 높아집니다.

청소년들을 위한 지원 센터

❀ 보건복지부 산하 중독관리통합지원센터

중독 문제를 조기에 발견하고 상담, 치료, 재활, 사회 복귀까지 지원하는 통합 시스템을 운영한다. 전국 60여 개의 중독관리통합지원센터에서 지역 사회 중심으로 지원한다.

❀ 위 Wee 프로젝트

www.wee.go.kr

학교, 교육청, 지역 사회가 협력하여 학생들의 정서적·심리적 어려움을 사전에 예방하고, 문제 발생 시 적절히 개입하여 건강한 학교생활을 지원하는 서비스망이다. 교육지원청 소속인 위Wee센터에서 상담 등 다양한 지원을 받을 수 있다.

❀ 내 편이 필요한 순간 청소년1388

www.1388.go.kr

도움이 필요한 청소년이 365일 24시간 전화나 스마트폰으로 언제든 연락할 수 있는 서비스이다. 단순한 상담을 넘어서 치료, 교육, 보호 등 다양한 서비스를 제공한다.

❋ 청소년미디어치료상담실

www.misocenter.or.kr

스마트폰·인터넷 과다 사용 문제나 사이버 폭력 같은 어려움을 겪는 청소년을 위해 예방 교육부터 상담, 치료, 회복까지 도와준다. 영화 치료나 집단 상담 등 다양한 활동을 통해 마음을 치유하는 프로그램도 진행한다.

❋ 국립중앙청소년디딤센터

www.nyhc.or.kr

정서와 행동에 어려움을 겪는 만 9~18세 청소년에게 상담, 치료, 보호, 교육 등 다양한 서비스를 제공한다. 또한, 함께 지내며 마음을 돌보고 다시 힘낼 수 있도록 돕는 '힐링캠프'도 운영한다.

❋ 국립청소년인터넷드림마을

www.nyit.or.kr

사이버 도박 치유 캠프 등 여러 체험 활동을 통해 문제 해결을 돕는다. 이곳에서는 또래 청소년들과 어울리며 정서적 유대감과 협동심을 기를 수 있다.

이 외에도 지역 보건소나 학교 상담실에서도 중독 관련 상담을 받을 수 있다.

주인으로 사는 법

누구나 어떤 행동으로 큰 보상을 받으면 그 행동을 반복하게 됩니다. 그러다 보면 나중에는 처음 같은 보상이 없어도 그 행동을 계속하게 되지요. 그렇게 중독에 빠진 사람들은 그 행동이 해롭다는 걸 깨달아도 그것을 멈출 수 없게 됩니다. 중독은 그만큼 지독하고 무섭습니다.

중독addiction의 어원은 라틴어 'addicere'입니다. '사로잡히다' '~의 노예가 되다'라는 뜻이죠. 옛날에는 돈을 빌렸다가 갚지 못하면 노예가 되어 빚을 다 갚을 때까지 일해야 했습니다. 중독은 여기서 유래한 말입니다. 그러니까 중독은 어떤 것에 삶의 주도권을 빼앗긴 상태를 가리킵니다. 게임, 숏폼, SNS, 온라인 도박, 온라인 쇼핑 등 일시적이고 즉각적인 즐거움에 사로잡혀 디지털 기기의 자발적 노예가 된 우리 모습도 크게 다르지 않습니다.

술에 절어 사는 알코올 중독자는 오로지 술만 찾습니다. 술을 마시지 않으면 마치 죽은 사람처럼 조용합니다. 중독자는 중독 물질이 있을 때만 살아 있는 존재가 됩니다. 중독 물질이 주인이고, 중독자는 그 노예일 뿐입니다. 스마트폰 중독이란 스마트폰의 노예가 되었다는 뜻이고 게임 중독이란 게임의 노예가 되었다는 뜻입니다. 중독이 문제가 되는 것도 그 때문입니다. 중독은 결국, 내 삶의 주도권을 내가 갖고 있는지 아니면 다른 무언가에 넘겨 버렸는지에 대한 문제예요.

여러분은 여러분 삶의 주인인가요? 시간을 어떻게 쓸지 스스로 선택하는 시간의 주인인가요? 아니면 SNS, 유튜브, 게임, 도박, 마약, 음식 등 다른 무언가가 여러분의 주인인가요? 스마트폰을 한번 생각해 봅시다. 현대인은 대부분 온라인 속에서 살아갑니다. 한국인은 평생 약 34년을 인터넷에서 보낸다고 합니다. 홍콩은 44년, 브라질은 41년, 대만은 33년 정도고요. 우리는 인터넷에서 그 긴 시간을 어떻게 보낼까요? SNS, 영상 시청, 게임, 쇼핑, 뉴스 검색, 주식 투자 등으로 하루를 채웁니다. 물론 이런 활동들이 모두 나쁘고 불필요한 것은 아니지만, 여기에 너무 **빠져들면** 정작 나 자신을 위한 시간을 온전히 갖지 못할 때가 많습니다.

이 세상에서 가장 소중한 것 중 하나가 시간입니다. 시간은 어떤 것으로도 살 수 없고 무엇과도 바꿀 수 없습니다. 그런데 우리는 우리도 모르는 사이에 소중한 시간을 스마트폰과 인터넷에 바치고 있습니다. 영국의 저널리스트 요한 하리의 조사에 따르면, 미국인은 하루 평균 3시간 15분 동안 스마트폰을 들여다보고 2,617번 스마트폰을 만진다고 해요. 시간은 곧 우리 인생입니다. 그런 의미에서 우리는 인생을 스마트폰과 맞바꾸고 있는 셈입니다. 이제 우리는 다른 것들에 빼앗긴 내 삶의 주도권을 되찾아야 합니다.

중독의 근본적인 문제는 어떤 것에 너무 빠져서, 내 삶의 주인인 '나'라는 존재가 사라진다는 점입니다. 몰입과 중독의 차이가 뭘까요? 필요할 때만 어떤 일에 집중하는 사람은 '나'를 잃지 않습니다. 몰입은 깊은 집중을 통해 나와 대상이 조화롭게 어우러지는 건강한 상태이기 때문입니다. 그러나 중독된 사람은 '나'라는 감각을 잃어버립니다. 머릿속에는 오직 그 중독 대상만 가득하고 가족, 친구, 일상, 건강, 취미 같은 소중한 것들을 의미 없는 것처럼 느껴요. 결국 내 시간, 내 일상, 내 미래, 내 인생, 내 가족, 내 친구 등을 잃게 됩니다. 내 삶 전체를 잃는 겁니다.

중독은 흑백 TV와 같습니다. 흑백 TV 속 세상에는 흑과 백만 있습니다. 게임에 중독된 사람은 오직 두 가지만 존재하는 세상에 삽니다. 바로 '게임'과 '게임이 아닌 것'만 있는 세상이죠. 이런 마음 상태가 중독입니다. 실제 세상은 다채로운 색깔로 가득합니다. 수많은 사람, 다양한 활동, 다채로운 즐거움이 넘칩니다. 다채로운 세상을 흑백으로만 본다면 너무 불행하지 않을까요? 오직 중독된 대상과 그 나머지만 존재하는 세상에 사는 건 슬프고 안타까운 일입니다.

중독으로 고통받고 있다면 자신을 너무 탓하지 마세요. 여러분의 잘못만은 아닙니다. 중독은 누구에게나 일어날 수 있는 일입니다. 이를 극복하는 과정이 쉽지는 않지만 충분히 이겨 낼 수 있습니다. 먼저, 자신을 사랑하고 존중하는 마음을 가지세요. 여러분은 소중한 존재이고 삶의 주인입니다. 중독 대상이 아닌 여러분 자신이 삶의 주도권을 가져야 합니다.

여러분은 혼자가 아닙니다. 망설이지 말고 주변 사람에게 도움을 청하세요. 가족, 친구, 선생님, 상담사 등 도와줄 사람들이 여러분 곁에 있습니다. 여러분을 사랑하고 지지하며 응원하는 사람들과 함께라면 더 큰 힘을 얻을 수 있습니다. 그들의 손을 잡고 함께 걸어가세요. 그리고 작은 결심부터 시작해 하나씩 변화를 시도해 보세요. 불가능할 것 같은 일도 조금씩 시도하다 보면 언젠가 이루어질 수 있습니다. 하루에 조금씩이라도 중독 대상을 멀리하고, 대신 건강한 취미나 활동을 찾아보세요. 운동, 독서, 글쓰기, 음악 감상, 그림 그리기, 야외 활동 하기, 새로운 기술 배우기 등 다양한 활동이 여러분을 기다리고 있습니다.

여러분의 미래는 무한한 가능성으로 가득 차 있습니다. 중독을 이겨 내고 나면 여러분은 더 강하고 지혜롭고 자신감 넘치는 사람이 되어 있을 거예요. 중독을 극복하고 더 밝고 행복한 삶을 향해 나아가길 응원합니다. 여러분은 할 수 있습니다.